U0544384

民国青年教育丛书

青年教育两种

青年修养杂谈
陆费逵 著

致青年书
舒新城 著

知识产权出版社
全国百佳图书出版单位

图书在版编目（CIP）数据

青年教育两种/陆费逵，舒新城著. —北京：知识产权出版社，2018.3
ISBN 978-7-5130-3282-7

Ⅰ.①青… Ⅱ.①陆…②舒… Ⅲ.①青少年教育—教育研究 Ⅳ.①G775

中国版本图书馆CIP数据核字（2017）第311864号

责任编辑：文　茜　王颖超　　　　　责任校对：潘凤越
封面设计：张　冀　　　　　　　　　　责任出版：刘译文

青年教育两种（青年修养杂谈·致青年书）

陆费逵·舒新城　著

出版发行：	知识产权出版社有限责任公司	网　　址：	http://www.ipph.cn
社　　址：	北京市海淀区气象路50号院	邮　　编：	100081
责编电话：	010-82000860转8342	责编邮箱：	wenqian@cnipr.com
发行电话：	010-82000860转8101/8102	发行传真：	010-82000893/82005070/82000270
印　　刷：	三河市国英印务有限公司	经　　销：	各大网上书店、新华书店及相关专业书店
开　　本：	720mm×960mm　1/16	印　　张：	10.75
版　　次：	2018年3月第1版	印　　次：	2018年3月第1次印刷
字　　数：	134千字	定　　价：	39.00元

ISBN 978-7-5130-3282-7

出版权专有　侵权必究
如有印装质量问题，本社负责调换。

再版前言

民国时期是我国近现代历史上非常独特的一段历史时期，这段时期的一个重要特点是：一方面，旧的各种事物在逐渐崩塌，而新的各种事物正在悄然生长；另一方面，旧的各种事物还有其顽固的生命力，而新的各种事物在不断适应中国的土壤中艰难生长。简单地说，新旧杂陈，中西冲撞，名家云集，新秀辈出，这是当时的中国社会在思想、文化和学术等各方面的一个最为显著的特点。在这样的时代和社会背景下，对新式青年的培育成为当时思想界、文化界和教育界进步人士着重关注的一个焦点问题。引导青年人从中国传统的封建文化的弊病中解放出来，科学地审视和继承传统文化中的有益的成分，同时科学地借鉴和接受新鲜、进步的西方社会思想成为当时重要且普遍的社会现象和社会思潮。

本社此次选择了一些民国时期曾经出版过的、有关青年教育的图书，整理成为一套《民国青年教育丛书》出版，以飨读者。这套丛书涉及青年人的读书、工作和生活，部分图书侧重于理论上的引导，另有部分图书则侧重于以生活实例来宣扬符合时代和历史进步发展方向的人生观、价值观，引导青年人走上积极向上、努力进取的人生道路。这套丛书选择的图书大多以平实的语言蕴含丰富而深刻的人生哲理，读来令人回味无穷，既可供大众读者消闲阅读，也可供有专门兴趣的读者拓展阅读。这套丛书不仅对民国时期的青年读者具有积极的教育意义,其中的许多观点和道理,即使在当今社会也没有过时,仍具有重要的参考价值,因此也非常适合今天的大众读者阅读和参考。

本社此次对这套丛书的整理再版,基本保持了原书的民国风貌,只是将原来繁体竖排转化为简体横排的形式,对原书中存在的语言文字或知识性错误,以"编者注"的形式加以校订,以便于今天的读者阅读。希望各位读者在阅读本丛书之后,一方面能够对民国时期的思想文化有一个更加深刻的了解,另一方面也能够为自己的书橱增添一种用于了解各个学科知识的不可或缺的日常读物。

目录

青年修养杂谈　　　　/ 001

一、少吃东西，多负责任　　/ 005

二、尽在不言中　　　　/ 007

三、德是自利、利他的　　/ 008

四、人的条件　　　　/ 010

五、忠厚与君子　　　　/ 012

六、彻底明白　　　　/ 013

七、观察力谈话　　　　/ 014

八、游戏三昧　　　　/ 015

九、万恶惰为首，百善忍
　　为先　　　　/ 017

十、你能不能受苦　　　　/ 019

十一、学然后知不足，
　　　做然后知不能　　/ 021

十二、人生如何　　　　/ 022

十三、三个问题　　　　/ 024

十四、职业的主权　　　　/ 025

十五、成功之三秘诀　　/ 026

十六、工商界做人的条件　/ 027

十七、弹指十二年　　　　/ 029

二十六、一件有趣的提议 / 041
二十七、关于结婚的种种 / 043
二十八、我们为甚么要读书？ / 045
二十九、最低限度当读之国学书 / 047
三十、国学入门书 / 051
三十一、《人生哲学》序 / 053
三十二、书业商会二十周纪念册序 / 056
三十三、我为甚么献身书业？ / 058

十八、效率之三原素 / 030
十九、店员须知 / 031
二十、招待顾客之二例 / 033
二十一、上海食住之补救问题 / 034
二十二、用财与道德 / 035
二十三、我们为甚么提倡储蓄寿险 / 037
二十四、相法格言 / 038
二十五、两张请帖 / 039

目录

三十四、我国书业之大概 / 060
三十五、经济之原素 / 064
三十六、伯鸿函稿摘录 / 067

致青年书 / 069
致读者（代序） / 071
致青年书
　　——讨论几件关于读书的事 / 075
致中学生书
　　——关于求学治事的几个
　　　小问题 / 097
致青年教育家 / 108

考试与文凭
　　——致中学生的一封公开信 / 118
恋爱上的几个问题
　　——给男女青年的一封
　　　公开信 / 130
爱的无抵抗主义
　　——复某君兼论金、
　　　罗情杀事 / 139
附录：中学生的将来
　　——在绍兴浙江第五中校
　　　讲演 / 148

青年修养杂谈

陆费逵 著

自 序

中华书局为同人交换知识，布达消息，每月出一张月报。我偶然也作一两篇短文刊入，大概都是关于修养的。

中华书局同人进德会刊行一种季刊，就叫做《进德》。我也偶然作一两篇文字，大概也是关于修养的。

三四年来，这两种刊物上，一共有我四十余篇文字。老友刘述庭先生，嗜痂癖深，很喜欢看我的文字，并说："有益于青年，何不照《妇女问题杂谈》的样子，汇刊成一小册？"我想：我的文字虽不好，却有些关于修养的新发明，印成小册子，不但供别人看，自己也可以看看。稍加整理，选出三十余篇，汇刊一小册，定名《青年修养杂谈》，与旧著《实业家之修养》《国民之修养》，不免稍有出入；因为作文字时，随想随写，或有为而发，或时地不同，主旨虽然一贯，言论却不能处处照应：这是要请读者原谅的！

陆费逵
一五，三，一五

一、少吃东西，多负责任

（1）少吃东西。

贪吃是人类的通病，我们每日吃的东西，是不是不能再少？少了有损、有益？是我们应该研究的。据我知道的学说和我的经验，以为应该少吃。我每日吃的东西，减了好几次；现在和未减以前比，不过十分之二三，身体反比从前好。可见我们平日多吃，不但糟蹋东西，并且糟蹋身体，如果人人少吃些：国民体力既可进步；省下的东西，可以卖钱，可以救济世界，不但富国，并且可以免除战争。诸位应当知道，世界上的战争，不过为"吃"的问题呀！如果我们中国四万万人，每日每人少吃数枚铜元的东西，每人每年可省十元内外。假定以十元计，四万万人每年就省四十万万元，你看可观不可观呢？

（2）多负责任。

我们做人有做人的责任，办事有办事的责任。譬如知道应该少吃，就应该监督自己决不多吃；每日作工一定几点钟，就应该监督自己不要偷懒不要误事。这就是负责。如果不尽责任，不但不能办事，并且不能做人；不但不能做人，并且不能做禽兽。因为禽兽之中，鸡司晨，犬守夜，蜂酿蜜，益虫、益鸟之捕害虫、害鸟，各有各的责任呀！我们怎么去尽责任呢？卫生，做好人，是对身体的责任；求知识，认真做事，是对精神的责任；救济别人，不损别人，是对社会的责任。大家都尽责任，大家都好了！国家也好了！世界也好了！还有甚么害己害人打仗的事发生呢？

　　诸君！"少吃东西，多负责任"，这两句话要大家记着，要大家实行。

二、尽在不言中

中华书局月报编辑人要我写点说话,我因为没有功夫[1],未曾交卷;昨日又来向我索债,并且说:"此期月报将校好了,专候你的文字。"

我想说的话很多,但是一时无从说起,而且本期月报只给我留了半面的地位,说些甚么好呢?

我现在不说甚么。请读月报的同人,自己想想,有没有要我说的话?有没有怕我说的话?

哈哈!妙啊!尽在不言中!

---

[1] "功夫",当为"工夫"。——编著注

三、德是自利、利他的

"德"字怎么样解释？古今中外的人，对于这个问题，答案很多，我也不必详细引证。我对于这个问题的答案是："德是自利、利他的。"德何以是自利、利他呢？自利又何能利他，利他又何能自利呢？待我举几个例，说说明白。

譬如勤：做事能勤，方能成功，这明明是自利；然而一个人能勤，别人可以受他的益；倘若一个人不勤，别人就要受他的累。我们想想看！比方我们几个人在一处办事，有一个人怠惰，结果不是误事，就是要别人偏劳。在不勤的人，有职业不保的不利；在别人有受累偏劳的不利。岂不是勤就自利利他，不勤就自他都不利吗？

譬如俭：俭是自己少用钱，不靡费，这更明明是自利了；然而自己少用钱，就可以不向别人借钱，有时还可以借钱救人的急，这不是利他吗？不靡费可以替世界上省了许多吃用的东西，可以免了竞争场面勉强靡费的恶习，这不是利他吗？况且节俭必能储蓄，积少可以成多，各种大事业的资本，都在这里面；有了大事业，许多人都可以有职业，这不更是利他吗？

至于义务事业，表面上完全利他；然而我能尽义务不享权利，一定增加自己的信用名誉，这不是自利吗？况且你肯尽义务替社会做事，社会受益，间接个人也受益。比方驱蝇防疫等事，人己都有利益，断没有大家患传染病，你一个人能永免的。——这不是自利吗？

慈善事业，表面上更是利他。然而我心稍慰，就是利己。我万一穷困残废，慈善事业可以救我，不啻一种保险，那更是利己。

此外如正直、信实，一方增自己的信用，一方免事业的败坏；谦虚和气，一方免别人生气，一方免自己受辱。不都是自利利他吗？

总而言之：德是自利的，利他的。自害的不是德，害他的也不是德。表面上自利，实际上却自害——像贪利舞弊等；表面上利他，实际上却害他——像以山珍海味给小孩吃；都不是德。我们怎么样进德？只要遇事研究：研究是否自利、利他。

四、人的条件

观人或自励,均应注意下列六字:

才(才干);

德(德性);

学(学问);

识(识见);

气(气度);

体(体魄)。

今将此六字简单说明如下。

才。上材不器(《论语》"君子不器"言君子体无不具,无论何事均能应付,不限于一端也),中材成器,下材不成器。不器须有天才,更须长时间之修养,非人之所能。普通人只求成器,切勿不成器,足矣。

德。德之范围既广且深。欲求可以包括一切之语,只有"忠""恕"二字。忠则可以托六尺之孤,恕则己所不欲勿施于人。其下手之方,厥惟能忍。勤者忍劳,俭者忍费,信者忍谎,廉者忍贪,礼者忍肆,推而至于一切道德,无不可以忍字入手也。

学。学问无止境。学之注脚又有二：其一学所以为人，其一学所以应世（语文、写算均包括在内）。善学者其才德识气体均可进步，不善学者反是。

识。识亦有两种：常识，见识，是也。常识有深浅广狭，然无水平线以上之常识者，是为愚人。见识有高低，然留意而有斟酌者，其见识必较高，否则反是。盲从为见识之大患，常识为见识之益友，吾人其勉游！

气。气度亦各人不同。析之亦有二：气宇，气量，是也。气宇宜轩昂沉着，不可鄙倍轻浮；气量宜宽宏浑厚，不可逼窄刻薄。

体。健全之精神，宿于健全之身体。身体不健全，不但一事不能为，并眠食亦不克安。吾人天赋之强弱，万分不齐。然保卫勿斫丧，固吾人力所能及也。

以上六端，看来无甚深奇，然人之所以为人，决不能出此六端之外。缺才者是谓饭桶；缺德者是谓恶人；学识缺一，是谓愚夫；气度太差，不惟无人与共事，自己亦异常痛苦，充其量只有自杀；身体不健全，则成废人矣。吾人苟不愿为饭桶，为恶人，为愚夫；苟不愿自杀，成废人；尚望于此六端注意！

五、忠厚与君子

世人或以忠厚为君子，或以忠厚为无用之别名，吾以为皆非也。实则忠厚指人之心地，非表其人之能力，亦非示其人之道德品行也。

吾以为君子须有四能：

（1）能见；

（2）能思；

（3）能为；

（4）能不为。

能斯四者，心地忠厚之人，固不为恶；即非忠厚之人，亦必不肯为恶。盖能见则事理明，能思则轻重审，能为则职分尽，能不为则操守固：得不谓之君子乎？世之所谓忠厚（老实人）者，欠聪明则不能见，缺理想则不能思，乏能力则不能为，乏定力则不能不为。不惟无用，抑且不能忠，不能厚也。

吾人欲为君子乎？居心固不可不忠厚，而充分之常识，明确之见解，尤不可缺也。

六、澈底明白

我们无论办事求学,最要紧的是澈底明白。倘不能澈底明白,一定不能成功。

澈底明白的方法有三:(1)有明敏的观察力,但此须有天才,不是人人都能的;(2)随处留心,为有系统的研究;(3)多做事,百闻不如一见,用目不如用手和脑,用手和脑做过之事,方能深入。

此篇文字极简单,望阅者想想看!我能澈底明白吗?我为甚么不能澈底明白呢?

七、观察力谈话

三舍弟执留学美国时，一日，上昆虫学课，时正隆冬，教师命学生各采昆虫五十种，明日携到课堂。诸生大窘，以为如此严寒，何从来如许昆虫。尽力搜集，仅得十余种。次日，白教师。教师笑曰："诸君观察力不足，故如是也。我为诸君采之。"明日上课，教师果得昆虫五十种，陈诸讲台。又一日，师生同出外采集，过一树下，教师询学生曰："此树上有昆虫几种？"有言一二种者，有言三四种者。教师曰："此树上某枝有昆虫几种，某干有几种，合共十八种。"诸生分别采集。事毕，数之，适十八种。

观察力为讲学治事最要之条件，我在南洋大学讲演时曾道及之（载南洋大学《经济学报》第一期，中华书局同人进德会《进德》季刊第三卷第二期）。如何能具观察力？则由于天才者半，由于学识经验者半，而随时随地留心，又最要之条件也。

八、游戏三昧

我最喜开玩笑，不但同辈的朋友如此，并且和学生如此，甚至和佣仆也常常如此。不但当面如此，连写信也如此；不但说话如此，连作文也如此。

A君问我："你说话常常开玩笑，没有甚么问题，何以我说人家一句'烂污'，人家就和我大起交涉？"我答道："你和谁说？你为甚么出口时不斟酌斟酌？"

B君问我："某某写信给你，自署'乌龟'。你写信给他，也称他'乌龟'。何以我写信给朱君称他'猪'先生，他很不高兴，劝我下次不要如此呢？"我答道："开玩笑第一要择人，第二要择地。朱君办学校，因为你一封信，惹得学生乱叫'猪猡'，他量大，不过劝劝你；在量小的人，恐怕要你点香烛赔礼呢！"

C君问我："我作了一篇游戏文字，惹得满城风雨。但是某某某某作了许多游戏文字，不但没有招是非，而且人家说他作的好，这是甚么缘故呢？"我答道："古人说：'毋道人之短'，又说：'毋评人阴私'，又说：'勿议人闺阃'。作游戏文字,更要注意这种地方。否则不但损人格,惹是非;甚至说者招杀身之祸,受者萌短见之想。可不慎欤?"

哈哈!做人难,做人真难。不但做事难,吃饭难;开开玩笑,乐意乐意,都有这许多花样,岂非做人真难吗?

哈哈!做人不难,做人真不难。只要你一举一动,一说话,一下笔,稍微斟酌斟酌,就没有甚么难了。

会者不难,难者不会。读我这篇文字的人!你想想看!你会做人吗?

九、万恶惰为首，百善忍为先

我常想用一二句话，做《进德》概括的法门，总寻不出来。今日，《进德》季刊编辑人袁君聚英来向我要稿子，并问我对于《进德》有甚么意见，我老实不客气说：

"这季刊是我们同人相互交换知识意见的，内容的好坏、材料的多少，都没有问题。不过误期是万万不可的。因为误期就是失信，失信是最不德的。我以为以后无论稿子多少，一定要依期出版。假使只有十页八页，也不要紧。万万不可失信，自陷于不德。"

聚英走后，我就想将"信"字提出，做"进德"概括的法门。想了一想，"信"字固是德之重要条件，但是不能包括一切。忽然想到旧话的"万恶淫为首，百善孝为先"，我以为这两句断不能做"进德"概括的法门。我便改了两字，成为"万恶惰为首，百善忍为先"。

惰的反面是勤，忍的反面是任性。勤而不任性，已入进德之门了。我以为勤而不任性的人，断无淫而不孝的。

现在再加点说明，以证明此二句可为《进德》概括的法门。

勤（不惰）。

能自食其力，能自立。

能以余力助人，能立人。

终日勤劳，无暇作不规则之事。

能研究学问。

能从事修养。

能称职。

爱惜光阴，不作耗时之事。

能开利源，能辟新世界。

忍（不任性）。

忍嗜好。

忍贪性。

忍性欲。

忍愤怒。

忍欺谎。

耐劳。

耐苦。

耐久。

耐烦。

十、你能不能受苦

近来一般人，以为生活要在水平线以上，不能太低。我以为生活的高低，应该看各人境况。而且有十分的境况的人，最多只可营七八分的生活。并且尽管境况好，生活好，但是自己必须有耐苦的能力。否则个人境况为难，或遇着天灾人祸的时候，那便无以为生了。

我很会考究，有时吃十余元一桌的酒席，我还要批评好坏。但是我更很能刻苦，现在举几件事谈谈。

我能吃白饭——没有菜，连盐、酱、开水都不许有——新近还试验过。我平日是菜多不吃饭，有菜少吃饭，无菜反多吃饭——我平时只吃一碗零，吃白饭可吃两碗——谁不相信，谁可来和我试试。

我在民国元年，本局刚开办的时候，忙得吃饭的工夫都没有。常时一面办事，一面啃冷面包。后来有时在店无暇吃晚饭，夜间另有事，又不能回家吃饭，便卖❶一个铜元的粥，一

---

❶ "卖"，当为"买"。——编者注

个铜元的萝卜干。就是我一顿夜饭。

衣着我很随便：鞋袜常是破的；夏天一顶草帽，其余三季都是一顶纱帽。有一次严冬在北京，夜间坐人力车在马路上走，忽觉头顶有如针刺，先不知道是甚么缘故，后来才明白了，是冷气从纱眼穿下来呀。衣服全是我妻料理，有时做得漂亮一点，我觉着不合式，不甚愿穿——竟有从未穿过的。民国六年，我把一件羊皮袍给了杜生光祖——他考入北京清华学校——我因为窘和懒，三年没有羊皮袍。

至于服役，我更是不辞劳瘁，不摆架子的。我初到上海，夏天的纱衣绸衣，总是自己洗。注意！彼时我任上海昌明公司经理，不至于要省洗衣费；实因洗衣人洗绸衣，一两次便洗坏了。——结婚的前一年，每月收入百余元。我住在一个朋友的楼上，除倒马桶等事由友人的一个老女佣代做外，其余洒扫拂拭等事，都是我自己做。我早上六时左右起来，自己提一把壶到弄外买水。六时一刻左右读书。到八时随便吃点东西，就出去办事。往来常步行，不甚乘车。这种生活，我觉着很有趣。现在虽不如此，但是我早晚常步行，如有三日不散步，便觉着很不舒服。

我出门从不带仆人，不带路菜点心。有事自己做；没有合式的饮食物，或勉强吃点，或任其饥渴。稍微受点苦，苦过反觉着有趣。

我并非主张苦生活。我主张练习受苦，不但可以节俭，也算一种本领，将来一定可以得他的益处。常听人说："没有合口的菜，吃不下饭。"又看见许多"少爷"（?）派的人，无论甚么事都要人服役。我以为都是可恨又可怜的。

十一、学然后知不足，做然后知不能

我十几岁的时候，自己觉得：学胜他人，才盖当世，几乎没有我所不能的。

后来多读一点书，方才知道学问浩如烟海，我所知道的不过恒河沙数之一。办了许多事，方才知道才不才之相去，不是一与十、一与百之比；简直是一与亿兆京垓之比。而智者千虑，必有一失；愚者千虑，必有一得。笨人偶有所得，竟有非聪明人所能梦想得到的。

近来有许多人：自己学力甚幼稚，却自命不凡；自己没有办过事，不但看事太易，且不以他人之慎重为然；自己非哲人非能人，却藐视愚者之一得。

我敢正告我同志两句话：

学然后知不足；

做然后知不能。

十二、人生如何

有许多消极的人,觉着尘世劳苦,以为出家做和尚,便可清净安适。那知和尚有和尚的工作,有和尚的烦恼,有和尚的痛苦。而且非带钱出家,还要做苦工受气呢!

有许多厌世的人,觉着活人痛苦,以为死了做鬼,便可以了事。那知无道力的鬼,比活人难受万倍。佛教、耶教所说的地狱,虽未必实有牢狱;然而灵魂的痛苦,恐怕比真正关在牢里还要苦罢!

有许多糊涂的人,觉着持躬谨慎,不甚舒畅,或放荡不羁,或懒惰间[1]游,或迷于酒色,或一掷千金,以为没有甚么要紧,那知业务既荒,黄金有尽,一旦落魄,乞食无门。那时望着一般谨饬的人,安于职业,不但自觉有上下床之别,有时还只好厚颜去讨几个钱咧!

我想:人为动物,动物一定要动作;人有灵性,有灵一定要思想。停止动作和思想,是人做不到的。如果做到,那便成

---

[1] 间",疑为"闲"。——编者注

了非生物、非动物、非人了。

甚么是善？甚么是恶？我以为善恶都在动作、思想两轨道上走。动向善，思向善，便是善；动向恶，思向恶，便是恶。人不能不动不思，一动一思就有善恶之分，所以君子要慎。——慎独，慎思，慎言，慎行。

人不能不动不思，动思又怕向恶，于是我们要求一种能寄身心的方法。静坐、念佛、念经、读书、写字、绘画和研究一切学术，都能使我们身心有所寄，但是这种寄法，不易感兴味，不能一定有恒。只有职业因为生活上、责任上、名誉上种种关系，最能使我们天天服务，天天寄身心，厌烦也只好忍耐，痛苦也只好忍耐，所以职业是解决人生问题最好的方法。

况且职业有高有低，你只要肯去做，总可以得着职业的。唱戏的正角是职业，撑旗打鼓也是职业；僧僚的方丈、法师是职业，撞钟、斫柴也是职业。职业虽然有高低，但是高的里面，低的里面，都可以有出类拔萃的。行行出状元，就是行行可以使人有无穷的希望。我说一句笑话：职业简直是一个孔夫子，他能因材施教，他能有教无类，他能使上智下愚各得其所。

大哉人生！大哉职业！

十三、三个问题

（1）你有甚么本领（学问、技能、才干……）？

（2）你每月收入若干？够用不够用？能储蓄若干吗？怎么能够用？不够用怎么办？

（3）你将来的希望如何？你打算怎么达到你的希望？

十四、职业的主权

一般就职业的人，常有三种心理：

（1）我的本领，何以无人知？何以无人用？

（2）未得职业时，只怕得不着；已得职业后，又嫌不满足。

（3）时时怕失业。

我以为这三种心理都是错的。你如有本领，就是现在不得意，然金钢钻夹在沙砾之中，迟早必有人发现，必有人当他宝贝。人家得着金钢钻之后，一定不肯抛弃如泥沙。只怕自己不是金钢钻，不是金银，并且不是铜铁锡锌……却是泥沙，却是伪钻，那么，迟早必被人发现，迟早必被人抛弃。虚骄，诈伪，朦混，不安分……都是我们的大敌大害。

职业的主权，在我不在人。况且从古以来有"才难"之叹，如果是"才"，何怕没有职业呢？

有些人并不是完全无本领，却处处"扯烂污""搭浆"而自己以为乖巧。弄到后来，却扯了自己的烂污，却搭了自己的浆。人家受害有限，自己吃亏无穷，这更是何苦。更是不值得。

十五、成功之三秘诀

（1）勿懈怠：无论办何事须精神贯注毫不懈怠，方可有成功的希望。不旷工，不告假，早到迟退，固是不懈怠。时时刻刻留心自己的职务责任和如何进步，更是精神上的不懈怠。

（2）勿耗费：耗费金钱是耗费，耗费光阴更是耗费，耗费精神更是耗费。有形的滥用是耗费，无形的漏卮更是耗费。我们要成功，须有本领和资本。本领和资本的大敌，就是耗费。能不耗费，本领和资本就慢慢地增加起来了。

（3）取精用宏：自己多思想，多做事，多阅历，更读书看报，以知道古人和现代别人的思想行为；如此，便可取精用宏，遇事不致茫无头绪。

十六、工商界做人的条件

甲、基本条件

（1）有恒心；

（2）有责任心；

（3）忠实；

（4）正直；

（5）仪容整洁；

（6）有礼貌；

（7）勤；

（8）俭；

（9）互助；

（10）卫生。

乙、本业条件

（1）自己职务胜任；

（2）明了一切事情。

丙、特别条件

（1）创造力；

(2) 计划；

(3) 判断力；

(4) 思想力；

(5) 能指挥人。

近来常有人问我道："吾人持己、处世、任事，应该有些甚么条件？"我所答复的常不免遗漏。现在细细的想一想，照上面所写的开出来，大约在实业界的人：能有基本条件的，都可以站得住；肯练习、肯留心的，本业条件也不甚难；至于特别条件，必须有天才，有学识，不是人人都能的。但是非有一二种特别条件，决不能担当重大的事呀！

十七、弹指十二年

（题中华书局周年纪念全体同人摄影）

此中华民国二年一月一日，我局同人以周年纪念共摄之影也，弹指十二年矣。此寥寥数十人，在此十二年中，有死者，有衰者，有进步发展者，闲亦有堕落者，果物之不齐欤？抑自力之不同欤？

回溯当时，此呱呱之书局，甫届周晬；余年二十七；即号称老大哥之戴君懋哉，亦不过四十一岁；最幼者为李生廷照，时年十三，今则少年英俊，身长玉立，偕某西人周游环球归，任万国储蓄会要职矣。

人生不过数十年寒暑，任事至多五十载，能经几个"弹指十二年"？吾人应如何注意此一弹指？应如何求此一弹指间之进步？

十八、效率之三原素

我们作事，应该研究效率。

效率最佳的，是：费用省，时间省，成绩好。

效率最劣的，是：费用大，时间长，成绩劣。

介于二者之间的，就要看他的最低限度和平均分数如何。以相当的费用和时间，做出相当的成绩，就算及格。有一项不相当，其余两项虽在水平线以上，仍算不及格。因为费用省、时间省而成绩不好，这项工作实无用处；费用省、成绩好而时间太长，人将不我待；时间省、成绩好而费用太大，将得不偿失。所以我们讲效率，要将三项完全顾到。在水平线以上有高低可讲；在水平线以下，便是不及格；同一不及格，便没有甚么高低可讲。我们比较效率，应该将此三项注意周到。——费用省，时间省，成绩好。

十九、店员须知

（1）店员之定义。经理、职员、学徒，都是店员，都应该知道店之地位和自己的责任。

（2）店员之责任。店为甚么要店员？为甚么不能一个人不用，任顾客进出？店员为甚么要投身于店？这三句话骤听得似乎好笑。其实店员的责任，就在三句话的答案里面了。美国有种商店，无店员接待顾客，任顾客取货付钱。然货物之选择、陈列、布置、定价等，那一件不是店员做的。不过他们利用人民的道德和机械的方法，减少店员而已。我国有句俗语说道"死店活人开"，确是至理名言。

（3）店员之目的。店员之目的，在店有盈利。盖必店有盈利，而后店可发展，店员也受其益。反言之，即店用店员和店员投身于店，决无想店亏折的。

（4）店员之三条件。店员之条件甚多，多了便难记难行。且有许多是关于普通修养的，我现在就最要三条件，说明于下：

第一，要使顾客满意。商店多得很，顾客买东西，何必一定要光顾宝号？宝号是不是要吸收顾客？我们如不能使顾客满意，顾客一定去而之他。所以使顾客满意，使顾客觉着买东西必到我店，是我们做生意的第一条件。至如何能使顾客满意，方法很多，只要我们拿定这个主义，便可随境生情地应付了。

第二，要不倦且合同的工作。"这山望着那山高"是普通的人情。对于现有的生活，易厌易倦，也是普通的人情。有才的人，轻看无才者；无才的人，又和有才者合不上手；这也是普通的人情。我们既作店员，应该以店为前提，大家不厌不倦，通力合作。当整顿的要整顿，当忍耐的要忍耐。能如此，那店没有不发达的，那店的店员，也没有不光荣得益的。

第三，节俭储蓄。店亏折，店员落魄，什九都由于店员奢侈亏空。要挽救店和店员，只有节俭储蓄。收入多少是有限制的，生活高低是无限制的。我们如以有限制的收入，去追逐无限制的生活，那有不失败的呢？所以我们应该抱定宗旨，收入十分，至多用去八分，能再少点更好。储蓄在那里，可以作意外之需，可以作养老之用，能储蓄的人，决不会过不去的。

有不能实行此三条件的人，造出许多高妙的议论，我们不可为他所惑。更有许多虚荣的人，为了虚荣害自己，或则和人相骂，或则偷懒，或则滥用。他是害他自己，我们不要学他。

二十、招待顾客之二例

民国十一年冬季，有一天，我在总店楼下，见一买客，口操北音，丰神不凡，走向第一柜。我立柜外，与之攀谈。彼买玻璃版字帖一本，柜员找钱包扎之际，我告以有新出之某某帖某某画；随令柜员取出与观，并逐项加以说明。买客顾而乐之，盘桓甚久，共买四十余元之碑帖书画而去。次日，汪董事幼安来言："江宁镇守使王廷桢君，昨来买物，遇一戴眼镜之柜员，能说官话，招待殷勤，彼甚佩服。嘱转告君，勿令此人长埋没。"我一凝思，笑曰："是即我也。"汪亦大笑而去。

张杰三君言一事，尤可为吾人借鉴。一日，在席间遇一客，询："有何新书？有书目否？"张答："有图书目录，新出书另有样张传单。"客曰："余昨到贵局索书目，柜友言无有。且以白眼相加。"张言："此友或新来，不甚了了。"旋询客之住址，席散后，即亲检书目、样本、传单等送去，则客尚未回寓。张留交茶房，并留一条。夜间十一时，客来电话，道失迎之歉，并言明日起行，须定《四部备要》预约一部，买《泉货汇考》一部，并其他各书。嘱明早八时送至旅馆，共价若干，即交来人带回。次日如言办理，共计二百余元。此后常将书目、传单、样本寄去，客亦常有信来，遂添一老主顾矣。

二十一、上海食住之补救问题

上海所吃的是机器白米,不但糠去净了,滋养料——尤其是维他命——和消化,都大受影响。而且白米之白,非全是米之白,实在是参了矿物粉,所以更不易消化了。

上海房价之大,甲于各处,因而住的地方,非常狭窄。穷苦的人,一幢房子住五六家,不必说了。就是中等人家,住一楼一底或两楼两底,空气也不十分充足。

因为上面两种原因,所以面白体弱的很多。我有两种补救方法,不费钱,不费事,容易办而益处大。大家何妨试试看!

(1)买连麸的麦子或连糠的糙米——两种并用亦可——先炒一炒,磨成细粉,拌在粥内或牛奶内吃,或用开水冲调亦可。这个法子,比吃补药益处还要大。

(2)每日无论早晚,出外步行半点至一点钟,能行深呼吸更好。不但得空气的利益,并且有运动的功效。

二十二、用财与道德

我近来看见几件事：

（1）勹君月入十余元，着的衣服很华丽。

（2）夂君月入二十余元，乘电车头等座，口衔雪茄。

（3）冖君月入十余元，每日吸香烟至少一包——十枝。

（4）匸君月入二十余元，在上等理发馆理发，并为友人付理发费。

（5）万君月入二十余元，结婚大张筵席，所费约抵彼三年之收入。

（6）勹君月入二十余元，着很时髦的洋装，一面仍有普通华服。

（7）厶君月入十余元，每日必吃一角左右之零食。

（8）㔾君月入三四十元，打牌常输至三五十元。

（9）丂君月入三十元，但出款常至五十元。

诸君！这九位并不是甚么坏人，不是甚么不道德的人，然而他的结果，一定不好。

生活的高低，没有一定的。高了还有高，低了还有低。我们用财，当守定"量入为出"的古训。不但应该量入为出，并且应该储蓄十分之一至十分之三，方才可免后患。

生活应该以甚么为标准,这句话很难下判断。我以为如不宽裕的人,只可以下列条件为标准:

(1) 布衣,冬季重棉。

(2) 蔬食。

(3) 安步当车,远路乘电车三等座。

(4) 戒消耗,戒应酬。

常人有两种误会:第一,要面子。殊不知面子是虚的,你尽管衣服华丽,应酬周到,不过骗骗无知识的人;有知识的人,反要说你不好。你有急难,不见得人家因为你的面子借钱给你。第二,以为小费没有甚么要紧。殊不知以年息一分的复利计算,每月一元,二十年要八百余元呢!我能每月储蓄一元,二十年可有资本八百余元;我每月亏空一元,二十年就要负债八百余元,况零星借款,利息甚大,恐怕还要多负些债呢!诸君要维持个人的道德,谋将来的福利,请注意量入为出,安守本分。

二十三、我们为甚么提倡储蓄寿险

我们同人组织储蓄寿险,实在是一种最好的合作事业,实在是最有益于道德和将来生活的方法,实在是家庭的一种保障。

我们储蓄寿险团,开办不过五年,总分局同人投保的已有一千人,资产已有六七万之多。出险过十余次。照章赔足,死者家属,得这一笔款项,不无小补。团中因为没有开销费用,所以每年还有盈余。

投保的人,不幸中途死了,固然可以得赔款,为身后和家属的补助。中途不死的人们,十年期满,还本之外,尚有利息。得着一笔巨款,或作子女教育婚嫁费,或造一宅小住屋,或办点公益事业……用途是很多的。况且现在由公司每年津贴保费十分之一,投保的人们和增了一种收入一样。照此计算,期满所还之本利,已在年息一分以上了。

我在储蓄寿险团投保五十份。期满之后,可收回三千五百元。我如果期内不死——我自信决不死——届时一定拿出来做一种公益的事。

二十四、相法格言

未富先富终不富。

未贵先贵终不贵。

未贫先贫终不贫。

未学先满终无成。

此四语乃相书上观人之法，吾以为即不讲相术，而以常理观人，亦必如是。

曾见小得意或稍读书之人，辄志得意满；或美衣美食，用度不称；或夜郎自大，骄矜现于面；或故步自封，不肯奋斗。此种人终必失败、落魄、短命、无成，不过时间有迟早耳。

《易》曰："君子终日乾乾，夕惕若厉。"盖吾人在世，以精、气、神为主，失其一即不能生；即使不死，亦行尸走气耳。彼未富先富、未贵先贵、未学先满之人，其神失，其气衰，其精难葆，安能再有进步哉？

未贫先贫，非装贫也。特时时自警，勤劳节俭，不失本来面目耳。吾向来喜作不利想，喜作不吉语，盖成功如为山，失败如崩山，待其失败而后自警，恐已不及矣。惜世人不明此理，非惟不能安不忘危，且于未安之时而自种危因也。悲夫！

二十五、两张请帖

今日我又接着两张同事发的请帖：一张是生子请满月酒，一张是做生日。

我向来主张应酬愈少愈好。照现在自好的人，大概丧事虽不铺张，却还不能不讣告；娶妇除至亲好友外，已多不通知了。生子和寿辰更算不了一回甚么事，决无大开筵席高朋满座之理。我从前已经说过，却自愧德薄能浅，不能感化人，近来尚不断的有这种事。

我现在将我和俞仲还先生做两个例：

俞仲还先生少年科第，二十五年前，在无锡办三等学堂，复任文明书局总理、本局印刷所长、驻局董事。今年高寿六十了。两子均美国大学毕业，一在唐山任工程师，一在长沙任工专教授，真可以算得"年高德劭福寿双全"了。今年我们想替他做个纪念，不打算"大开筵席高朋满座"，想集一点款子预备建筑一个小纪念室，将来或开学校，或做别事。俞先生不肯，郑重说道："我不愿因我生日，使人家破费。就是办公益，也不要借我生日的名目。且到吾七十岁再说罢！"俞先生两个儿子娶亲，一点都不惊动同事，恐怕同事中有许多到现在还不知道咧！

我除三件丧事和先君七十寿辰外，不敢惊动外人。就是这四件事，也是狭义通知，并不惊动全体同事。我续弦时，除亲戚外，一概不发请帖，不收礼。在一品香结婚，男女家同在一起，到一百二十余人。留餐者九十余，只用一百八十余元。我三十六岁生子，我也没有甚么举动。民四❶我三十岁，今年我四十岁，连我自己都记不清日子。此外先君六十寿辰、先母五十寿辰、先祖百岁冥寿，除自己家族外，一个客也没有。

当这时世，提倡节俭还来不及，为甚么好虚荣铺张厉自害害人呢？孔老先生说："礼，与其奢也宁俭；丧，与其易也宁戚。"在我腐败的头脑中，认为万古名言，不知读者以为如何？

---

❶ "民四"，当为"民国四年"。——编者注

二十六、一件有趣的提议

日前有一个人结婚,借大旅馆作礼场。我算算他那天的费用,恐怕已超过他一年的收入。再加上那天以外的费用,恐怕五年的收入还不够。如果息借而来,恐怕更无偿清的时候了。

我想,我们同人结婚,应该力崇节俭。结婚时省用一文,即结婚后生活上可宽裕一文,即将来子女教育上可多存一文。我现在拟一个最简单的办法如下:

(1) 借总厂饭厅作礼堂,公司不收费(电灯由公司尽义务),只要犒赏茶房四元(保定四元不许增减);

(2) 进德会音乐队义务奏乐,不用他种音乐;

(3) 行礼后茶点,不必备筵席;

(4) 时间如在星期日,午前八时至十一时,午后一时半至四时半均可借用。如非星期日,晚间七时至十时最宜。(婚,本作昏。昏礼者,黄昏后所行之礼也,所以晚间并没有甚么不好,并且在晚饭后,不备筵席更便利。)

至于送喜礼,我也有两个最便的办法如下:

(1) 各人送钱汇存储蓄部,至少存十年,可供新郎新娘所造新国民教育费之用;

(2) 各人送钱代新郎新娘买嫁具。

送礼不必硬装场面，彼此乐得省些，我以为普通送小洋二角至一元。（自己宽裕而又有特别交情的，不在此例。）

甚么轴子呀、对子呀、花篮呀……种种无用的东西和各种奢侈的东西，千万不要送。送者费钱，受者不受用，那是何苦呢！

二十七、关于结婚的种种

近来同人中在结婚前或结婚后，发生种种不良的现象——道德的、经济的、卫生的，所以我现在就我所见到的，和大家谈谈。

甲、结婚前的

（1）时期。我国向有早婚之习，现在仍所不免。古人男子三十而娶，女子二十而嫁，极有道理。第一，凡人要到此时，身体方成熟。在本身卫生上和子女体魄上，都极有关系。西人最近调查世界名人，都在他父亲三十岁以外生的。而且名人的家庭，没有百年内见四代的。此和我国古代三十年为一世之说，十分相似。第二，经济到此时方能独立。譬如费三百元结婚，迟缓七年，便可本利得六百元。养家费假定每月十元，迟缓十年，便可得本利二千元零。如一方负债结婚，一方生活支绌，那相差更不可以道里计了。

（2）年龄。结婚年龄，男子以三十左右为最适。至少须满二十五岁，迟到四十岁也不妨。女子至少须满十八岁，迟到二十六七也不妨——再迟恐生育困难。男女年龄的相差，至少五岁，最好十岁至十五岁。因为女子比男子早熟，我国纳妾的习惯，我认为是早婚和女子体弱的结果。

（3）择配。选择配偶，是最要最难的。旧俗的自幼定婚和凭媒人上下其手的定婚，当然是不行的。但是自由结婚，也靠不住。因为在未结婚以前，双方都不免遮蔽弱点。在阅历浅的人，更容易上当。我国现时却无十分好的方法，或则"婚姻自主"而以父母兄姊师友作顾问，可以算得比较的好法子罢！如果已有自幼定婚的人不妨打听打听她能料理家事，尽管没有读书，毫不要紧。因为娶妻不是娶女博士。无才的女子，不见得不是好配耦❶，有才的女子，不见得一定是好配耦。

乙、结婚后的

（1）感情。夫妇以感情为第一义，然又不可溺于感情。某君说："剿抚兼施，恩威并用。"虽然是说笑话，却含有几分至理。最要的是互相谅解，最不好的是争闲气、争面子。不过现在的时候，男子较有见识，遇着关系重要的事，应该自有把握，不可敷衍将就。

（2）经济。经济是生活的命脉。无力维持生活，千万不可结婚。预算要有把握，且须稍有余裕。否则多生一两个小孩，或遇意外的事，就要入窘乡了。更有两个秘诀：① 宁苦勿负债；② 不要赊买东西。犯了一件，必入窘乡。

（3）卫生。普通家庭卫生，不是这短篇所能说的。古人说："上士异室，中士异床，下士异被。"这却是很要紧当注意的。否则健康必受影响，甚至成了痨瘵以至丧命。

---

❶ "耦"，当为"偶"。下同。——编者注

二十八、我们为甚么要读书？

我们为甚么要读书？现在一班人的答案，或说"为求学问读书"，或说"为赚钱读书"。我以为都不能包括这问题的全体，而且不免有错误。

我以为答这个问题，要先把前题分清楚。答案如下：

（1）普通学校的学生为人格读书；

（2）专门学校的学生为人格，或学问，或技能，或职业读书；

（3）有职业的人为职业或修养读书。

更有三种消极的答案：

（1）读书的读书，是为读书而读的，不可有致用之想；

（2）应用的读书，是储蓄备用，不是立刻应用，也不是件件要用；

（3）不可存读书卖钱之心。

我们有职业的人，应该每日有半小时至多二小时读书。不可不读，因为职业上、修养上都有读书的必要。不可读得太多，因为太多了有妨办事，有害身体，更恐食而不化，变成书簏。

我们应该读甚么书？此问题的答案，要看各人的性之所近、各人的程度、各人的需要，不是可以一概而论的。简单言之，我以为除无益的小说之外，无论甚么书都可以看。

我每日读书，少则半小时，多则一小时许。从十七岁出来任事到现在，差不多都是这样。我没有长性，这样看看，那样看看，所以常识虽然有一点，却没有一样有心得的。

我想读书的方法，应该常常有一种专心精读的；此外随便涉猎，只要看得懂，无论甚么书都好。

二十九、最低限度当读之国学书

近来青年颇注意国学，但是应该读些甚么书，却是一个问题。梁任公、胡适之两先生各有一种书目发表，但是各有数千册，不但读不了，而且买不起。我是天资较钝的人，读书也不多，然而我的读书力、买书力，恐怕一般青年，已经不能人人做到，所以我现在再降格以求，定一个最低限度。

经部

"四书"

最要，当熟读。先《论语》，次《孟子》，次《学》《庸》，中华书局聚珍仿宋版最佳。局版亦佳，惜近年印刷不好。石印本及坊刻本，不可靠。

《诗经》

就能了解而欢喜的熟读。朱注局版较佳，古注中华书局聚珍仿宋版佳。

《易经》

《文言》《系辞》当熟读。朱注局版较佳，古注中华书局聚珍仿宋版佳。

《礼记》

可选读《檀弓》《学记》《乐记》等篇。陈注局版佳，古注中华书局聚珍仿宋版佳。

《左传》

可选读若干篇。中华书局聚珍仿宋版佳。

《说文解字》

中华书局、商务印书馆均有影印本。

《文字蒙求》

通行本。

三书可任读一种，《文字通诠》尤精而易读。

《文字通诠》

中华书局本。

史部

《史记》

此书为我国史学界创作，识力亘绝古今，文字尤佳，宜全阅。并选读二三十篇。中华书局聚珍仿宋版、局版均佳。

正续《通鉴辑览》

文明书局印行。所续清史虽不精，然此外并无佳本。如无力买此书，任何纲鉴阅一种均可。

《清朝全史》

日人稻叶君山著。中华书局译印。其中不能免误。但较完备之清史，只此一种。近代史事应该详知，此书不得不读。

《中外地理大全》

中华书局印行。在现在各地理书中最详。

如有余力可读《国语》《国策》、前后《汉书》《三国志》《资治通鉴》（中华书局聚珍仿宋版均有）、《文献通考》等。

子部

《老子》

全书仅五千言,为子部最要之书,当熟读。注乏善本。中华书局《老子古义》可与他本互证。

胡适《中国哲学史大纲》上册

此书叙孔子不佳,但叙墨子等极佳。可当诸子思想史读。读此一书,可窥诸子大略矣。商务印书馆印行。

此外如有余力,可读《庄子》《墨子》《荀子》《韩非子》《淮南子》等。更或读《管子》《孙子》《吕氏春秋》《春秋繁露》等(中华书局聚珍仿宋版均有)。宋明理学之书,太多不易读。欲稍知宋儒理学,可读《近思录》。欲稍知明儒理学,可读阳明先生《传纂》(中华书局印行)。

佛书多而难读,如欲知大概,可读《佛学大纲》(中华书局印行)。

集部

《古文辞类纂》《经史百家杂钞》

中华书局聚珍仿宋版较佳。可就此两书选读一二百篇。如尚嫌宽泛,则读《古文释义》《古文观止》亦无不可(文明书局《续古文观止》多清文)。

《古诗选》《今体诗选》

可就此两书选读三四百首。如嫌宽泛,则读《唐诗三百首》《宋元明诗三百首》亦可。中华书局聚珍仿宋版、局版均佳。

《宋词三百首》朱古微编刻。

《花间集》中华书局聚珍仿宋版。

《绝妙好词笺》同上。附词选。

词选此三书最佳，可浏览一过，就最喜的熟诵。

《陶渊明集》

中华书局聚珍仿宋版。

《王临川集》

中华书局聚珍仿宋版。

《曾文正公诗文集》

中华书局聚珍仿宋版。

《曾文正公家书》

通行本。

《饮冰室文集》

中华书局印行。

专集浩如烟海，无从读起。此四家均文从字顺，而陶之恬淡，王之深刻，曾之集大成（家书文字浅鲜且于修养及人情事故有关，宜先读），梁之代表近二十余年思想，均为现代青年所必读。且陶、王二家著作，选本不多载，故必读专集。

如有余力，则韩、柳、欧、苏、李、杜、白、陆等专集（中华书局聚珍仿宋版均有）以及《唐文粹》《宋文鉴》《南宋文范》《元文类》《明文在》等（中华书局均有简编），不妨涉猎。

三十、国学入门书

钱基博《国学必读》
中华书局印行。
张之洞《书目答问》
扫叶山房石印本。
梁启超《清代学术概论》
商务印书馆印行。
读此三书，国学门径已得梗概，欲从事深造，尽可自定目的了。
小说
《西游记》
《封神榜》
《水浒传》
《三国演义》
丁宝书有节本，极佳，尚未脱稿。
《红楼梦》
《镜花缘》

---

① 本节原书无序号，本次整理补加。——编者注

《儒林外史》

《今古奇观》

《老残游记》

中华书局小小说，已出百余种，均取材于各著名小说。诲淫诲盗之材料，均不取。十五六岁以下之子弟，以读小小说为宜。

以上所开各书，必读者不过三十余种。——如不读词和小说，不过二十余种。——所费不满百元。中等天资的青年，以课余或业余读之，少则二三年，多则四五年，没有不能毕业的。至于再求高深，尽可由各人分道扬镳地去做，不在最低限度之内了。

三十一、《人生哲学》序

舒新城著了一部《人生哲学》，要我作一篇序。我说："我很想作一篇长序，但是我少有整闲的时间，要说的话又太多恐怕作不好。"

甚么是人生？甚么是人生哲学？我以为"人"字是包括精神、肉体两方面，"生"字是指活着的人。人生哲学就是研究活人的精神、肉体两方面怎么维持。

古人说："人之大患，在有吾身。"我以为还不尽然。实在人之大患，在有生命之身。倘无生命，身入土中与草木同腐，有甚么患呢？倘无肉体，灵魂飘荡宇宙中，就是有患，也不是生人之患。我们这个有生命之身，如何免患，这就是人生哲学。

孟子说"性善"，荀子说"性恶"，告子说"性无善无不善"，孔子说"性相近"。其实性是种子，有善有恶。扩充善种，就是为善。扩充恶种，就是为恶。"人皆可以为尧舜"，未必人人都成尧舜，"狗子有佛性"，未必狗狗都能成佛。孟子说性善，证据很多。但是他又说："食色性也。"食色既是性，那么，"绤兄之臂，而夺之食，逾东家墙而搂其处子"。正是食色之性，正是性之一部分，那能说人之性善？我想要绤而夺，逾而搂，是性之恶种；知纷夺逾搂之非而不为，是性之善种。人之善恶，看他扩充那一面。

人性之中，有善有恶；一人之性，又杂善恶。如何方能行善祛恶？我上月替中华书局同人进德会的《进德季刊》曾作一文，题目是"万恶惰为首，百善忍为先"。

人有所不为而后可以有为。不惰才能有为，能忍才能不为。放下屠刀是能忍，成佛还要不惰。

人生问题是一个哑谜，从古以来没有正确的解决。我们在这不解决之中，求相对的解决，孔与佛实有研究的价值。等而下之，即迷信的拜偶像，虚渺的登天堂，甚至想发财，想有后代，都可以解决他的人生问题。为甚么呢？人生最要紧的东西，是希望和目的；最痛苦的是绝望。有希望目的而不绝望，一定能忍能为；无希望目的而绝望，他又为甚么去忍去为呢？

我觉着现在最痛苦的人，是觉悟而不澈底、空想而无实力的一般青年男女。他们没有正确的希望和目的，他们没有能忍能为的定力，更或因环境不好而悲观，更或因物质迷惑而堕落，更或因习惯束缚——如结婚不自由、寡妇不再嫁之类——而生趣毫无。他们的人生观，远不如力耕的农夫和念佛的老太婆。

我想我们要解决人生观，第一要有澈底的知识。新城此书，从科学上、哲学上讨论人生之所以为人生，正是我们求知的宝筏。第二要有能忍能为的力量。我是冷水浴的实行者，我将我的见解经验说说。

冷水浴的功效，生理上可以坚皮肤，活血行，强体力；精神上可以清楚头脑，增加忍耐力，更能减少遗精和性欲的冲动。我在二十岁左右的时候，身弱多病，易疲易怒。十几年来，天天冷水浴，身体渐强，气质大变。从前作文一二小时就疲倦的，现在连续六七时还不觉疲倦；从前皮[1]气极坏，甚至和人拍案相骂的，现在横逆之来，可以一笑置之。我对于运动静坐，都不甚感兴味，或作或辍，毫无成绩。只有冷水浴成了习惯，愈久愈有兴味。不但我的体质气质变化，我的人生观也大受影响。或者四十能不动心，也未可知。我觉着冷水浴是我的人生哲学，读新城此书的人也愿意习我的人生哲学吗？我愿作指导者。

---

[1] "皮"，当为"脾"。下同。——编者注

三十二、书业商会二十周纪念册序

我生卅八年了。和我相处最久的：第一，是我的父亲，整整的三十八年。第二，是二弟仲忻。他比我小一岁，相处三十七年了。第三，是三弟叔辰。他比我小六岁，相处卅二年了。第四，是我的母亲。于我三十岁上去世。第五就是书业商会。

我于民国前九年，开始在社会上办事。过两年，到上海，任昌明公司上海支店经理。那时书业商会正在发起筹备，我被推为章程起草员。正式成立之后，我任评议员兼书记，又任职业补习夜校主任和图书月报主任。自此以后，我和书业商会没有分离过。光阴如箭，转眼要做二十年纪念了。

此二十年中：世界之进步如何？国家之进步如何？社会之进步如何？教育之进步如何？学术思想之进步如何？不是我这一篇小序所能详说的。书业在此二十年中，和天灾斗，和祸乱斗，和物价斗，和货币紊乱、交通不便……种种情形斗，却还有十倍的进步。假使各种障碍渐次减除，教育渐次发达，十年、二十年……之后，应该进步到如何程度呢！我们希望国家社会进步，不能不希望教育进步；我们希望教育进步，不能不希望书业进步。我书业虽然是较小的行业，但是与国家社会的关系，却比任何行业大些。

我于此又起了怀旧的感情。当时同人中：如夏君粹芳，龚君子英等，先后去世；席君子佩、夏君颂莱、何君澄一、曾君孟朴等，先后脱离书业，人事变迁，真没有一定，再过十年、二十年……又不知怎么样？

我于此又起惭愧的意思。当时所办的事业：夜校开了四年，后来因为学生太少停办。图书月报只出三期，因为各家担任之稿不来，误期又误期，以致停刊。图书总目录因为各家意见不一，编印未成。同行的不良分子和非同业而出版的人，常有害人误人的书刊行，更或利用报章告白和通信法骗人金钱。本会研究多次，没有方法取缔。这更是我们觉着遗憾的。

我从十九岁起，投身书业，一直到现在，大概是我的终身事业了。那么，书业商会也一定是我的终身伴侣了。再过五年我和书业商会可举行银婚典礼，再过三十年可举行金婚典礼。哈哈！同业诸君！教育界诸君！……将来备些甚么贺礼送我们俩呢？

一三，九，一

三十三、我为甚么献身书业？

我十七岁到社会上做事，现在二十年了。除了办过几时教育事业和新闻记者外，差不多都是在书业任事，恐怕是我的终身职业了。

我为甚么要献身书业？其中有两个动机：第一次是我十九岁那一年，几个同志因为买书困难——一方是经济困难，一方是购觅不易。——大家想开一家贩卖书籍的店，一面营业一面有书可看。凑了一千五百元股本，在武昌横街开办，招牌叫"新学界"，做了一年，营业达一万余元，除了开销还有些盈余。那时开销很省，房租十元，薪工约二十元。——我任经理，前半年月俸六元，后半年十元；账房五元，伙计二人各三元；学徒二人，各二百文；火夫一人，一千文——火食约十元，灯火杂用连临时费约二十元，每月开支共计约六十元。我为甚么不做了呢？一则那时年轻没有忍耐性，一受委曲，就要闹皮气，就要丢纱帽。二则苦得了不得，店屋共二丈宽，四丈深；前面是店堂；后面分为两间；就是经理室和厨房；煤灰吸个饱，太阳晒出油——屋朝西；又没有厕所，日间往隔壁客栈里出恭，夜间上街厕，要走半里路。当时武昌的习惯，正月元宵前，店里同事，照例大家回家玩耍，我一个人守店，一步也不能出门；有几日火夫也不在，只好自己煮饭吃。我辞职后，改就汉口楚报的主笔，办了三个月，因为粤汉铁路借款和张之洞冲突，就停办了。我到上海来，想往日本留学。其时昌明公司将本店移汉口，要请我任上海支店经理，我先不答应；后来研究书业的前途，觉着希望很大，我允许暂任一年。我那时有一篇书业前途之预测，刊在《图书月报》。拿当时日本的状况做比例，推算中国书业，每年应该有三万万元之营业。年少气盛，野心勃勃，就决计献身于书业了。后来我就没有离书业，在文明书局帮办编辑和事务，约两年。在商务印书馆办出版部、交通部和教育杂志、师范讲义，约三年。民国元年到现在，一直在本局服务。中间民国六年的风潮，闹得几乎不了。原因很复杂，就我本身想起来，有三种缺点：第一，经济缺乏，没有应变的财力；第二，经验不足，没有预防的眼光和处变的方法；第三，能力不足，没有指挥全局的手腕。后来办大事业的人，对于这三端应该好好地研究研究！

  我的长处，我也不必客气，不妨说说。第一，专心。我有许多机会可以做别种商业和入政界，但我始终不为所动。第二，忍耐。近十年来，无论怎么样我总忍耐得住。第三，不失本来面目。我从小到现在总不断地看书，不阔绰。这三种虽没有甚么价值，但却也是办事必须的条件。

三十四、我国书业之大概

（民国十年在吴淞中国公学演讲，中国公学商学院学生笔记）

我国出版事业，发达最早。木版印刷，据说始于冯道；然决非冯道一人创始，大约隋唐间已有之矣。至宋益形进步，刻本既多，字体亦佳，今所谓宋版者是也。明代刻书亦盛，今世所谓版权者，实始于明代。盖刻一善本，不许他人翻刻，故书上常有"翻刻必究"字样。其与著作权不同者，则吾国素守述而不作之训，又未知精神可为权利，故只认物质权利之版权，而不认精神权利之著作权也。

印刷术由中国传至欧洲，虽无确证可据；但我国为世界印刷业之先进，则为世界所公认而可断言者也。然我国无论何事，发明虽早，进步甚迟，印刷术亦然。我国沿用木版，多至千余年而无改革，反不若欧美等后起者进步之速。至欧美新印刷术输入我国，在咸同年间先有教会设立之印书馆及石印局；当时石印极发达，夷考其故，则以石印字小，便于考场携带也。二十年前，出版业渐形发达，彼时日本人在沪经营者，颇有势力，其后渐衰。盖一国之"文字""习惯"及"国民性"，均非外人所能了澈；故出版业亦非彼等所能经营也。我国大规模之出版印刷事业，殆只有商务、中华两家，且均以学校教科书为主，稍高深之书，殊不易销，良著亦不多见，实可谓仍在幼稚时代。十余年前，余曾以当时之日本为例，推算我国书业；每年应有三万万之营业，然此犹昔日情形，今若以现在之日本为比例，则应加一倍以上；若以美国为例，营业数目之大，更令人惊骇莫名矣。美国有一种《家庭杂志》，常销三四百万份；全年营业，约达二千万元。我国最发达之报，日常销数不过数万份；即出版业所有之营业，亦不满二千万元。除商务印书馆与中华书局外，其营业较大者，厥为印旧小说及医卜星相书之书肆。以《三国演义》一书论，每年销数达三四十万部。查此类书籍多销之故，当因人民智识太浅；舍此等小说书外，他书不能阅耳。此刻欲补救此弊，厥有二途：（1）普及教育增加人民智识；（2）发行代替小说之科学或文学书，以便人民购阅，则社会一般人之程度，当可徐徐增高也。我国书业如此幼稚，而经营却极复杂。盖欧美各国经营出版业者，恒不自办印刷；营出版业或印刷业者分工复细，"铅印""石印""照相""制版""雕刻"等，固各专其业，即出版者亦复科学、文学、宗教、教科、小说、美术等，各营其一二种也。我国则因社会上此种实业尚未发达，故凡关于书业一切之必需物，皆须自营，而出版业未大发达，无从分功。外人来参观者，辄觉商务、中华两家，博而不专，彼等殆未知我国情形也。

我国书业之组织，与欧美不同之点，尤不止此。譬如以分店论，查外国书业之分店，至多不过数处；若我国则不然，如商务书馆中华书局两家，分店各多至三四十处。其所以如此者，亦有二故：（1）货币不良，价值不定，而分销处买卖不多，安能代受此种亏累；（2）交通不便，运输为艰，分销处资本又小，不能有充分之预备，于是内地学校需要课本时，每感不便，此又不得不自设分销。

至于我国书业之组织，规模小而资本微者，实无组织之可言。盖资本小，则无详细分工之可能；无分工，则组织简单，不言而喻矣。商务、中华两家之组织，大略相同，今且就敝局略述之：敝局系一股份有限公司，资本百六十万，股东千余人，以如许资本，有如许股东者，因其中无最大资本家也。敝局组织，系设"董事"九人，"监察"二人，一年一任。"经理"由"董事会"推举，其办事之组织，分总公司、总店、编辑、印刷四大部，其中又分若干部课（各部课名目情形，笔记从略）。

今鄙人已将我国书业，大约为诸君约略一谈；然我为何从事书业，言其动机，大约有二：（1）我十九岁时，因感买书不便，遂自动的欲开书店，与友人集资千余元，办一书店于武昌。开设一年，营业达万余金，略有盈余。后来因从事于此，则无暇读书，又因不堪其苦，遂辞职，改就汉口《楚报》记者。（2）由鄂来沪，本欲东渡求学，适昌明公司移本店于汉口，要我任上海支店经理，屡辞不获，又见书业大有可为，一则"外国人"不能与我竞争，盖"外国人"言语不通，文字不习，实不能控制我国书业。而旧书商多无学识，吾人投身其间，不惟可改良书业，且易出人头地。有此二点，鄙人遂勉就是职。后来又因自己自视太高，不能忍耐，小受委曲，即欲舍去，原约一年为限，届时辞职，后在文明书局二年，商务印书馆三年，民国元年任中华书局之事，迄今十一年矣。阅世渐深，少年时之意气亦渐减。盖当时不肯以第二等人自居，今则自知才力有限，勉强任重，时虞不胜，故就个人之觉悟与经验，为诸君一谈立身处世之道。

我国少年学生，毕业后莫不自视很高，不屑琐事。即偶就一职，亦不能自安其位；甚且谓社会不良，怀才不售。问其所怀之才，窃恐未必适用。故余谓学生就职困难，社会固不能无过，然学生自己更不能无责，普通学生所缺之点，大约有六：（1）无根底学问；（2）无普通常识；（3）技能不适；（4）身体不好；（5）无商业道德；（6）不知勤俭储蓄。（说明未笔记）有此六故，更益以骄傲之气，暴躁之习，欲得社会之帮助，亦爱莫能助耳。以后诸君从事，总宜忍耐勤俭，不愁无资本；资本是由储蓄得来。美国各大资本家，莫不出身微贱，不过资本非劳力不得；不劳而得之资本，如祖父遗产，吾人视之，实不值一钱也。望诸君勉之！

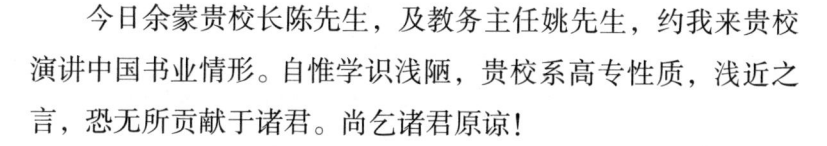

今日余蒙贵校长陈先生，及教务主任姚先生，约我来贵校演讲中国书业情形。自惟学识浅陋，贵校系高专性质，浅近之言，恐无所贡献于诸君。尚乞诸君原谅！

三十五、经济之原素

（在南洋大学经济学会讲，南洋大学铁路管理科学生笔记）

经济之最大原素有三！曰土地，曰资本，曰劳动。三者之中，劳动占最重要之位置。盖土地者，万物寄存之所也；资本者，土地与劳动之合产品也。苟无劳动，则土地不能生产，资本亦无所用之。故劳动者，实造成世界之原动力也。

然劳动之结果，未必一定成功。盖劳动可分三类：（1）劳而有效；（2）劳而无效；（3）劳而有害。今举例以明之：商人经营贸易，岁有盈余，劳而有效也。岁无进出，劳而无效也。不幸失败，则劳而有害也。更如妇女之工作赚钱，可谓劳动有效。然梳头装饰，则虽系劳动而属无效。至于赌博及逛游戏场等，则为有害之劳动矣。总之劳而有效，即有生产之谓。劳而无效，即不生产之谓，劳而有害，即消耗之谓。经济学家所言生产即增加资本之意，消耗则反是，即减少资本也。古代无资本，惟有劳动，劳动所得，储蓄一部分，渐渐变为资本。例如森林伐木，深山凿石，远如捕鱼，非集数天或数十天之粮食不可。所集粮食，即是资本，亦即彼等劳动所储蓄也。今世资本以钱计算，然钱之为物，非真劳动之储蓄也，徒以潮流所趋，自成定制。故处今之世，不得不注意于钱。获钱即劳动有效，亦即经济发展之表现也。虽然，劳心劳力，皆是劳动，欲求发展经济，非劳力、劳心并进不可。兹将劳力、劳心两种劳动分述之于下：（1）利用筋骨之力，此即劳力之谓。今日之恃力而食者是也，此只可算最低之经济原素。（2）利用艺术，此初步之劳心也。如古代战争：始则拳脚，继则刀弓；今乃枪炮。又以交通而论，往日则帆船、木车；今日陆则火车，水则汽船，空则飞艇，非劳心不足以臻此。是劳心较劳力之经济能力所得者大也。（3）利用思虑。如发明、意匠、计划、指挥等，皆进一步之劳心也。其所得结果，成败利钝，相差不可以道里计。诸君已受大学教育，日后必多从事于劳心运动，务须放出眼光，打定主意，切实预备。吾有甲乙二友：甲习机械，乙造玻璃。二人学问颇深，然甲因资本缺乏而失败，乙因经验不足而失败。吾人欲办大事，须一方历练，使经验丰富；一方高其人格，使资本家信用。否则，鲜有不失败者也。兹将个人经验得来之办事基本条件，一为供献焉。

（1）健康。大凡作大事业之人，精神必甚饱满，乃能耐劳。否则心有余而力不足，殊觉可惜。故欲创大业，先须有一副铜筋铁骨之体躯方可。西谚云："健康之精神，寓于健康之身体"，愿共识之！

（2）道德。苟道德不高尚，必失他人之信仰心。中国实业不发达，此实一大原因也。即以丝茶棉三项而论，从前输往外国，获利颇丰。后来国人希图目前利益，种种舞弊，至失外人信用，此所以势将一蹶不振也。可不痛哉！反是则道德可以救济困穷。某君开办纱厂，不幸受世界潮流影响，亏失甚巨，然各股东以某君道德高尚，不欲穷之，反加以援助，故欲讲求经济，先须讲求道德。

（3）观察力。复杂之事务，不同之人心，苟非有敏锐之观察力，无从知其症结所在，无从辨其人之智愚贤不肖，尚何成功之可望哉！即自己在道德上、事业上……应该如何，亦非具观察力不可，故观察力为吾人作事最要之条件。

（4）计划。凡事多考虑，处处向失败方面设想，则事必多成功而少失败。即以开办公司而论，如房屋、机器、材料、薪俸等，开销以及销路、盈余等，必须作正确计算及宽舒之预备，始不至呼应不灵。我国大事业之失败，大半由于计划之欠周密。然计划周密，谈何容易，须有相当之学识经验，再加以详慎考虑，庶乎近之。

（5）决断力。既有精明之眼光及正确之计划矣，然更须有决断力。盖事无论常变，必有几条路可走。我既认定一条路，即当临机立断，否则徘徊犹疑，在我则无从下手，在人则无所适从，所谓歧路亡羊是也。

（6）忍耐。天下之事愈大者愈复，盘根错节愈多。若不能忍耐，每有功亏一篑者。更一方面则小不忍而乱大谋，常有大事业或好朋友，因一时不慎而至偾事失和，此尤不能忍耐之过也。

以上六条件，为作事业之基本。苟人能具有以上六基本条件，即使未尝学问，未有不成功者也。然而人之环境与志愿，各有不同。故以上六种之锻炼，亦当各有所异。予对于锻炼心身，有三要诀，兹略述之：① 多做事。暂时似无酬报，久乃有效。② 随处留心。盖偶尔留心之事物，有时大可应用。③ 懒惰者须自奋，勤苦者须节劳。盖作事不在多劳而在扼要也。总之有效率之劳动，于事业之进行与经济之发展，有莫大之关系，且与国家经济、个人经济，成一正比例。盖劳动多一分，经济即加一分；劳动少一分，经济即减一分。增加劳动，即所以减少消耗。孔子曰："生财有大道：生之者众，食之者寡，为之者疾，用之者舒，则财恒足矣。"愿吾辈共识之！

三十六、伯鸿函稿摘录

我写信向来不留稿,偶然在旧纸中,看见信稿数通,颇以为奇。其中可资进德的材料,现在选刊数通,或许于大家有点益处。

(一) 致林泽书函

货不全,可设法使其全;机关不备,可设法使其备。惟其不全不备,事事布置,使其全备妥善,方足以见我之才。天下事何能处处布置全备妥善以待我,要我自己布置,使不全备者全备,不妥善者妥善,方为尽职也。

(二) 致某君函

我弱冠时,勇于任事。但人情世故,不甚明白,恒觉:我是而人非,我热心而人懒惰。存之于心,现之于面,甚至因此与人诟争。于是人人恨我怨我,诋我为狂,更或思中伤我,其知我而谅我者,百不一观也。吾彼时极觉痛苦,留心体察,知病源所在,从此稍加敛抑,与人相处,渐觉相得。盖得道者多助,失道者寡助。多助之至,天下顺之;寡助之至,亲戚叛之。若无人助我,我虽有才,又安能以一手一足之烈,任天下之重。处下位尤难，若恃才傲物，众叛亲离，鲜有不受排挤者。如有才而不恃才任气，处处自己孟晋，处处为人留余地，积久人自佩服而受我范围矣。

（三）致某君书

接来书，以婚姻之事见询，吾简单奉答如下：

（1）年龄。最好男长于女十岁左右（至少五六岁，至多十五六岁）。盖男子三十而壮，女子二十而壮；男子六十方老，女子四十许已老矣。为子女强健计，为不纳妾计，均应迟婚而男长于女。

（2）学问。近来女子学问问题，几为结婚重要条件之一。其实天资是一事，学问又是一事。天资好者，虽曰未学，亦不要紧。盖愚鲁之人，不明道理，不能治事，更有遗传之恐，自不宜与结婚。否则不必因学问生问题，娶妻非娶女博士也。

弟之年龄，尚未及壮，稍迟数年，俟自立有余，再议室家，似较合宜。至于学问问题，殊不必过于重视。一则在女学未发达时，受教育者，能有几人；二则条件交换，现在稍有学问之女子又岂愿意与寻常人结婚，能得质美未学者亦未尝不是好姻缘也。

（四）致某君书

吾业发展，希望极大；吾局又渐见起色。兄现在地位，非无可展长才之机会。尚乞放大目光，而谨小慎微。勿贪非分之财，勿迷不正之色，和气之中带刚强。以兄之才长年轻，他日造就，未可限量。盖吾人之成就，在己不在人。自己要好，迟早必能成功；自己不要好，虽有机会，仍不免身败名裂也。

致青年书

舒新城 著

致读者（代序）

读者诸君：

　　这本小册子是我立意献给青年诸君的。我想本书的读者，大概是青年罢！所以再趁此机会谈谈我对于青年所要谈的话。

　　我在《致中学生书》说过："我是瘼瘝追念青年而青年已弃我而去的一个人。"从这句话中，诸君最少当知道我现在已不是青年了。可是十几年前，我也一样地像诸君的年青，更一样地被人称为青年。

　　时间的轮子一天一天地向前转去，社会的文化，也跟着它一天一天地向前推进。我青年的时代当然不及诸君现在的好，我青年时代的环境和生活恐怕也有许多不及诸君之处——我有一本自传式的《我和教育》，详述我的三十余年的生活——可是那青年的黄金时代，却无时不引起我深长的、甜蜜的回忆。

　　我常常自己问自己："青年的生活何以时时要唤起我的回忆？"我必不假思索地说："因为它太可爱了。"倘若你们再问我何以"可爱"？我便不能立刻答复，因为这只是我的"灵感"，没有适当的语言可以表现它。这灵感在诸君的现在，还不曾得到；能得到这种灵感的人们，恐怕又会要以"长者"自居而不肯向诸君说话。可是我爱青年，尤其爱我青年时代的生活；我虽然不能有适当的文字，将我这灵感一一表现出来，虽然不能将我青年时代的经历一一告诉诸君，然而至少我可把常常回忆的数据，归纳作几条抽象的东西写出来，一面藉以作我和诸君精神上交通的媒介，一面发抒我个人久积的情感。

人生的隔膜，我以为是事实上无可免除的；但是，在程度上却可以有很大的差异。就人类讲，凡是文明程度越高的，机诈随知识而发达，彼此相互间的隔膜也越大；就个人讲，年龄越大的，社会上的经验越多，对于人生的隔膜之感也跟着加大。这是人间的缺点，在个人虽然有例外，在人类的全体则无法补救。所以隔膜之苦是人生的共相："我"如此，"人"也如此。诸君现在虽或不如此，但有一日之必须如此，是可以断定的。

诸君现在的生活，虽不曾完全埋没在机诈的社会中，但现在社会上的种种事象，已有形无形地搀入你们的心影之中，而把你们儿时的天真打破了。可是你们还有几种未尽泯灭的特质，令人羡爱不已；它们虽然不能把人生的隔膜完全消灭，但可以减去许多：这就是愉快的心绪、豪爽的气概、勇敢的精神。

这三种特质是人间的至宝，是文化的源泉；个人的生存、社会的绵延，都赖它们维系。现在的诸君或者不知它们之可贵，但是人间世惊天动地的大事情，不能动摇你们的乐天观；出生入死的险问题，不能阻挠你们一往无前的真精神；机诈万端的恶社会，不能湮灭你们待人的赤忱。你们的世界是快乐的、率真的、平和的，社会上一切的苦闷、险诈、困穷，纵能偶然侵及你们，也绝不会使你们如实地感着。这样的行为与态度，自然也是"成人"所能有，但绝不是长于利害计较心的"长者"所能一一办到。在诸君，不必藉特殊的修养与训练，只要顺着你们的天禀走去，就会踏上这些路道：这岂不是黄金不易的宝贵时代吗？

我感着人生隔膜之苦，便常想到这人间的至宝，更常回忆到这些至宝在我青年时代所开的花、所结的果。我现在自然极力要永续地保持这些至宝，但同时更望诸君能宝贵它们，善用它们！——这是我久积于心的夙感，平时不曾说过，在本册的各篇中也不曾说及的！

这册所收集的六封书信，是我于民国十五年至二十年所写的，除去《致中学生书》一篇外，都曾发表过；附录一篇，原载在我的《教育丛稿》第一集中，因为所讨论的问题全是关于青年的，而青年诸君又不一定需要购读那书，故而转录于此。这些书信所讨论的问题大概可以分作治学、治事、恋爱三类。前两类，一般所谓学者尚有时说及，第三类也许为着"尊严"的原故而少有人愿说。在我，则很相信"饮食男女，人之大欲存焉"的话，而以治学、治事为谋饮食的工具，恋爱为解决男女问题的大道，所以一并说出。不过为着时间的限制，关于各方面——尤其是恋爱——的意见还不能尽量如实地发表。时间许我，也许再能写一部《人生论》或《恋爱论》与诸君相见！

各篇所说，是见解也是经验。这些见解和经验是后时代的，同时也许是先时代的；许是于诸君有益的，也许是无益，这全凭诸君各人自己的立脚点去判断。我只知道写我所要写的，说我所要说的；其他的一切，不但写的时候不曾想到，现在也不曾顾到。不过我得申明的,这册各篇所说,都是些人生的枝节问题,并不是什么社会改造、国家建设的根本大计。望诸君不要把枝叶当作根本;更望诸君永续地保持那三件至宝,而努力于人生隔膜的减除与根本大计的建立。青年虽弃我而去,我却很愿为青年作执鞭的卫士。诸君想不我遐弃罢敬。

舒新城,二十年二月十日,上海

致青年书

——讨论几件关于读书的事

一，购书；二，阅书；三，阅报；四，作笔记。

希望负青年教育责任的人们乘便转达你们日夕相处至可爱敬的青年！

青年朋友们：

我很爱敬你们，所以在这百忙之中写这封信给你们。

我现在已是成人，虽然青年时代离我还不很远，然而我现在总不能自称为青年。所以一面爱慕你们的年青，一面又追念自己年青时的苦寂生活，而有种种矛盾不安的情绪。若要细说起来，恐怕这《青年教育专号》的篇幅给大半于我，还是不很够用。这自然不是《教育杂志》记者所愿意，也不是我现在的时间所能办到，故只择几件关于读书的小事和你们谈谈。

倘若你有机会而又愿意看我这封信，我便假定你是要读书的，所以青年应不应当读书的问题我们不讨论；而且，我所谓青年，是指十二岁以上、二十岁以下的"人"，无男女、无职业的区别。这对象自然很广泛，然而"青年"的范围确有这么大，我，或者你们，也都不愿意把它缩小。所以我的话，在你看来，也许觉得很有趣或很隔膜的。

我只限定说几件读书的小事，故第一从"书"讲起。

《辞源》下"书"的定义说："以文字记载事物曰书。"我们把这句话分析，便知"书"有两种要素：一是文字，一是事物。文字是形式，事物是内容；形式自然要美，内容更加要丰。内容如何才得丰？形式如何才能美、才算美？这是文章论上的大问题，我们当然不能讨究。不过我能说的，书中的丰富的内容是由于丰富的经验，而优美的形式则由于作者"体验的练习"。我们读书无非为贪点便宜，从他人的言论中"增加自己的经验"而已。

读书的目的虽然很简单，但因为自然界、人事界的事情太繁，我们决不能把所有的现象或者我们想要知道的事情，一一"亲历其境"，自不能不借助于他人的耳目，所以读书便成为必要了。不过"当今之世"，读书实在是一个不很容易的问题。若果你真欢喜读书，无论如何，你总可以碰着两个很平常而使你费去许多心思不易解决的问题。这两问题简单说来，就是：

（1）读什么书。

（2）怎样读书。

朋友！你果真愿意而又能看我这信，我想你最少亦曾在小学或中学读过书，但我不知你是否曾被称为"好学生"。倘若你果真为你们的教师或长辈称为"好学生"，你大概对于读书不会感大的困难：因为要作"好学生"，在读书方面讲，各种功课都非弄到九十分以上不可；你的注意力既集中于"分数"上，而且要天天机械般专心致志地读预定的教科书，别的事情能扰乱你心思的机会自然很少。倘若你不是十分好的"好学

生",平日对于"古今中外"的故事欢喜留意,欢喜涉猎,那么,我想你:

(1)要感着书太多,不知从那里读起;

(2)要感着书太贵,没有这多钱去买。

在贫乏的中国出版界,每年出版的新书籍和欧美文明国比较起来,自然有限得很。然而要不加选择地一一读过,姑无论在个人时间上绝对办不到;就能办得到,也没有这许多金钱去买;而况有许多书籍更不值得一读,不值得费钱去买的呢!关于买书问题,我们自然希望图书馆代我们解决。不过在现在的中国,连学校教育都因军事影响而成为"告朔的饩羊",要完全靠图书馆代我们购书,真是"俟河之清,人寿几何"。有图书馆的地方,我们自然要尽量利用图书馆;若无图书馆或有图书馆而没有我们所要读的书,便不能不自求解决。解决较简单而较经济的方法,是集合少数朋友各人定购若干书籍,公开地循环阅读。假若你能集合十人,每人平均每年费三元钱买书,再每月省去瓜子、花生、小吃费二角五分,十人便可购六十元的书籍;尽购"国货",当可得日报一种、杂志三四种、书籍一百本上下。虽然说不到怎样丰富,然而能选择得当,就把这些出版物细细读过,大概总不至对于社会、国家、世界上的种种事情茫无所知。倘有图书馆可利用,那就所得更多了。

没有钱买书固然是困难的问题,有了钱买什么书也是当研究的。新书报的消息传达到我们的脑中,大概不外两种媒介:(1)"广告";(2)"介绍"。照广告去买书,自然是一种很简便的办法;但是广告只说书的好处,而且不免有言过其实的地方,所以还是不大可靠。靠人介绍又未见得有许多机会;而且介绍者若是专家,则不能为我们指示各方面的常识书;若不是专门研究的，又怕他的判断靠不住，结果还是不大可靠。到底怎样？据我的经验有几种方法大概可以采用：

（1）亲到书店去选择；

（2）请相信的人介绍；

（3）信赖著作者；

（4）信赖出版家。

平日留意报纸、杂志的广告，看有什么新书报出版。若觉得这些新书报是于你研究的问题有关系，或者你欢喜读它，而出版家之发行处不远，便亲自到那里去翻阅，看其内容如何。有些书店常把新书陈列在外面，你自然可以多费时间在那里阅读，有时竟可以一气读完而不购买；就是那些书店不把新书陈列在外面，你也可以向他们指名索那种书，在那里多费一点时间阅读。若果那书无永久保留的价值，或者于你没有什么需要，你便匆匆阅过一次而不必购买——若系重要书籍，当于阅后记其要点，俟将来需要参考时查阅或购买——若是必要，便破费购去。至于杂志、报章是有时间性的，时间过后便不容易买到，如觉得这种出版物于自己所研究的学科有重大的关系，或对于自己的兴趣极相合，便当设法定购。这种靠自己的办法自然很便利，但有许多书籍的发行处并不近在眼前，不能亲去选购，要由邮寄。我们不曾亲见其内容，自然不能判断其优点，更不能知道是否为我们所必需，这时我们可请曾经读过某书或熟悉出版界情形的人介绍。他若读过某书，他的意见自然是可以供参考；就是他不曾读过某书而平日留心出版物，对于著作者之经验、学识与出版家的信用很明了，其意见也可以备参考。若果你既与发行处所离得远，又无相当的人指导，只好信赖著作者与出版家。例如你平日在报纸上读过某人的文章，而觉得有价值，并且知道他专门研究某种科学的，他现在有某种书籍或报纸、杂志发行，当有几分可靠；又如某书店是专门刊行某类书籍，或平日的信用很著，他们出版的书籍与素无信用者相比，也较为可靠。但是专门信赖著作者与出版家也有"许多毛病"：第一，是得不着"初出茅芦❶"的好著作；第二，著作者与出版家自己失信用，也就不得不随之上当。不过这种办法比漫无标准的乱购书总好得许多。

朋友！世界上没有绝对有利无弊的原理，更没有绝对有利无弊的方法，只看你怎样运用罢了！

购书问题姑且就假定这样解决，现在再说怎样读书。

"怎样读书"虽然只有四个字，但内容却很复杂，分析起来，大概可以分为选书与阅读的两大类。

因为已经出版的新书与正在出版的新书太多了，而且有许多书与你没有什么关系，你要以有限的时间读需要的书，当然不能不详加选择。但是，朋友！我不是你的教师，恕我不能和你讨论关于教科书的问题！我这里所讲的"选书"，是在教科书以外立言的，只是些教师们所认为不重要的小问题。倘若你是学生，我自然很希望你留意及此，而且在可能的范围照着去办，不过因此发生什么与你前途攸关的问题——如你看课外的书籍很多而发生你教师的知识太不长进而与争辩以至于被斥、被革之类——我却不能负责任。朋友！请留心点罢！

其实我不替你把被视为洪水猛兽的书目开上去，实际上不曾有怎样的危险，我这里不过讲几条空洞的原则，怎样应用或不应用都是你自己的事，我的责任只是讲述而已。

朋友！据我想来，我们要读的书，大概可以"分为三

---

❶ "芦"，当为"庐"。——编者注

类"：（1）修养；（2）知识；（3）娱乐。因为我们不能个人独立生存，一举一动与社会发生关系，一切言动不能绝对容我们"任性而行"，所以便有修养问题。现在的出版物专门研究修养的书籍很少，专门论青年修养的更少。倘若你觉得你的生活、你的事业有修养之必要，你可以不时看看历代与近世名人的传记，或他们自己所作的省克录。这些名人之成功与他们之所以成为名人，都有其特殊的禀性及特殊的境遇。那些禀性未必为你所具备，也未见得你都能遇着他们所以成功的境遇，更未见得你处在他们的环境而能一样成功；但是他们的特性总有许多可以供你参考而为你成功之要素的！假若你的志向要革命，自然要多读革命家的传记与著作，但是文学家的传记与著作你也当读；因为他既成为文学家，对于当时的社会曾经有深刻的描写，足以供你参考；更许他具有很强的革命性，足以使你感奋。你立志要做别种人物，关于修养书籍的阅读也当如此。所以修养书籍的范围，并无一定的限制，而当随时随地取材。不过你还得注意：阅读修养书籍的目的，不只是得着书中的知识而已，要把知识应用到行为上，就是古人所谓"变化气质"。气质怎样才能变化？全靠个人的反省。倘若你读过孙文的传记，而觉得他那种革命的精神可佩服，你便当自己想想有没有他那种精神，能不能做他那种事业。革命自然是当作的事，但是你的个性是好静不好动，好读书不好作事的，你还是取他那百折不回的精神努力你冷静的事业，不必因他的革命成功而勉强去学作他那种革命活动。倘若你的个性好活动、好作事，你也当尽量发展你的个性，不必因学者头脑冷静在学问有所成就而勉强去学作寒窗静坐、手不停挥、目不停瞬的工夫❶。

---

❶ "工夫"，当为"功夫"。——编者注

总之，修养的功能是取人以利己，不是屈己去从人；你要于读过修养的书籍后而使行为发生影响，务请你注意此点，不要湮灭你自己的个性。

智识的范围很广，粗浅讲来，可以分为"常识"与"专识"两类；而"常识"又可分为普通常识与业务常识两种，"专识"也可分为基本专识、业务专识。有些关于人生的基本知识，如生理卫生、公民义务之类，无论你预备就什么职业，也不问你是男是女，都当知道。这种知识可以称为"普通常识"。有些知识，如教育制度、公司制度，为教育者与商业家所当具的常识，文学家、艺术家却不必一定知道，这可以称为"业务常识"。又如习银行者必须先学经济学，习教育者必须先学心理学，经济学与心理学自然是一种"专门学识"，但银行家与教育家仅仅只知道此种科学，决不能对于银行事务及教育事务胜任愉快，必得再习他们专业的学科如簿记、会计、保险或教育行政、学校行政、教育测验之类。前者我们称为"基本专识"，后者称为"业务专识"。但是你又得留意，常识与专识，并无截然可分的界限，都是由比较而来的。譬如你是专门研究教育行政的人，教育心理是你的常识；你若专治教育心理，教育行政又为你的常识了。智识的范围既这样广，读书也就不容易。你在学校自然要遵守学校的规则、教师的命令。读过若干教科书，不过在青年期所读的教科书都在常识的范围以内，虽然分科分得很多，但实际上还说不到专识。而且在我想来，你自己也未见得一定知道将来要作什么事，所以选择书籍实在是一个很大的困难问题。这问题我当然也不能为你解决——因我不知道你的性情及你的学历——但我也可以告诉你一点办法，就是平日在读书、做事的时候，反省自己个性近于那方面，或者按照职业自忖表（见《职业教育丛刊》第五种中，商务出版）自己审量一番，大概总可以发见你个性倾向的一部分，即照这倾向去阅读关于常识的书籍。倘若你竟不能发见你自己个性的倾向，对于关于知识的出版物都抱"尝试主义"去翻阅一下，也无不可。这种办法自然要多费些不必费的时间，但广博的尝试有时竟能发生很大效用，故也不必过于爱惜时间。

人类为生存计，不能不工作。但终日埋头工作，却非人所能忍受，一定要费一部分时间于睡眠及休息。所以工作八小时、睡眠八小时、休息八小时竟成为生活上的格言。睡眠与工作的意义，大家都知道，也不会有相左的意见；至各人对于休息的意见，便有点不一致，有些人以为静坐不动是休息，有些人以为观山玩水是休息。倘若把休息时间来做娱乐的事情，各人的见解相去更远：赌博、嫖妓、下棋、打牌、听戏、喝酒，都可以安上娱乐的名称。不过，朋友！这样的娱乐，实在没有多少意味，因为我们费了许多时间与金钱所得的结果不过是些疲劳的瞬感而已，并没有什么东西耐我们回味。我们改良的方法就是把读书当作娱乐的事情。但是你或者又要问，读书是很正当的事，何以能当作娱乐呢？我说：读书自然是正当的事，但也有特别的乐趣。倘若终日埋头于读勉强读的教科书，虽然在作正当的事，不过终有几分苦工的情态。若果你是学生，我请你把读教科书当作教师教书、农人耕田、商人上柜台一样，当作正式的工作；娱乐的读书就是要在你正式的工作以后去干，绝对不占去你正式工作的时间。读书而可以称为娱乐，你或者觉得很稀奇，其实你若曾经做过正式的学生，你早经实行过。若果不信，请你自己回想当不得不上你所视为"面目可憎、语言无味"的教员的功课时，偷偷地拿着小说、诗歌、剧本、画片在讲堂上偷看的时候，是不是把看小说、诗歌、剧本、画片当作最快乐的事，便会恍然大悟读书也可视为娱乐的事情。所以我劝你以读书为娱乐的方法，并非自我作古，实是行之很久而很普遍的办法。而且我以为文学、艺术的欣赏，固然足以舒弛我们的紧张精神，调剂我们的干涸生活，而使我们精神感到愉快；而由文学、艺术所表现的人生更真切，更足以使我们了解人生之真意义。所以我劝一切青年，不问你是男是女，将来预备以科学或革命为终身事业，却不可不受文学、艺术的陶醉，洗涤你终日劳碌的污浊灵魂，发展你固有的创造性，也就不可不每日乘余暇时间读点关于文艺的作品，舒展你被桎梏的精神。至于应该读些什么？我以为属于文艺的作品，无论是小说、诗歌、戏剧、雕刻、绘画，也无论新旧、不分古今，只要够得上艺术的（那些红男绿女、敷陈事实的小说以及广告、画片等不能算作艺术品）都可以读。朋友！这中间有无穷的乐趣，有无价的至宝，我望你不要随便看过，应当时时留意才好！

以上这些是关于读什么的话，有了书以后要怎样去读，也是一个可研究的问题，还得略为讨论。

因为书籍的性质不同，读书的方法也便不能一致——譬如读修养书籍重在"反省"，读智识的书籍重在"系统研究"，读文艺作品重在"欣赏"。假若你读过修养书籍，便当澈底了解著者治事、治学的真精神，使彼此在人格上互相交通，而摘取其成功之得力点以为己用。所以你读一书绝不是专求他字里行间之知识而已，尤在明白其文字之意义而后去身体力行。故此种书籍之数量不在多——多读固然可以——有时竟可以读一书或一书中之一段一节乃至于一句而终身受用不尽。倘若你读关于智识的书籍，便不可不求其多，并且要求其有系统。要数量读得多，只有时时速读之一法；要有系统，则第一要注意"历史的发展"，第二要注意"现时的倾向"。无论什么科学，只要它成为正式的学科，或者未为一般人公认为正式的科学而实际上已有某种倾向，都有它固有的历史，绝非短时间所构成。倘若你不注意其发展的历史及其派别，往往于同一名称之下发现几种不同的结论，乃至于所研究的对象亦不同（如心理学之行为派 behaviorism 与精神派 mentalism）而使你莫明其妙；若不明现在的趋势，则往往摭拾陈言以为新奇（如形式论理学之于实验论理学）。要明历史的往绩，只有读各科的历史著作；要明现代的倾向，只有比较阅读同一科目之近人的著作。不过有些学术，其经过的历史很短，尚不足以构成正式的历史，或无人为之整理著成有系统之历史，而其分派又很复杂（如最近中国文学界之派别），则全靠平日留心各种出版物而自为分类。所以系统的研究要纵横并进，在时间上不可为一派的意见所蒙蔽，在空间上更不可为一人的主张所慑服。朋友！你若果是学校的学生，我便劝你于相信教师与教科书上的议论而外，随时怀疑他们的主张，更随时参考多种书籍，从多方面研究问题，切不可视教师为独尊，视教科书为神圣。至于时时速读的问题，迟一回再说。

　　看小说、戏剧等文艺作品，有许多教师及父母是不大允许的，但其实他们并不能禁止你。因为你遇有机会可以在家中偏僻地方与老先生的讲堂上或寝室里偷看。不过那种看法不大好，一则你对于文艺没有素养，偶然弄来偷看的书难免不有太坏的东西；二则那样惊心吊胆地偷看，既然看得不舒服，并且与你的身体有妨害。所以关于阅读文艺书籍的问题，我自然首先希望一切做教师及父母的明白文艺的功用而视为人类不可缺的精神的食料，指导一切青年们阅读文艺作品。不过这希望，在目前很不容易完全实现，我只得请你于每日余暇的时候，正式寻文艺作品阅读。阅读文艺作品虽然不必如教徒诵《圣经》那样庄严，但也决不是"茶余酒后"的无聊消遣，应当专心致志去读，领略作者的"风度"，渗透作者的"心灵"深处，而与作者的感情"共鸣"。你若能够这样聚精会神去读文艺作品，自然要得着许多愉快：烦闷时可以得安慰，苦痛时可以得快感，而快乐时更足以增加你快乐的程度。阅读文艺作品，在调剂苦寂的生活，弛展紧张的精神，所以阅读的数量并无一定的限制；日日读新作品固然是很好，数年抱着一本你永不舍得的东西数十遍以至于数百数千遍阅读亦无不可。这又是文艺的性质与智识的典籍相异的地方。

现在的书籍太多，我们的时间有限，就是专门读我们要读的书籍，也恐时间不够，于此我们可以注意两件事，以增加我们工作的效率。这两事，第一是爱惜时间、节省时间，第二是练习速读。在现在交通日繁生活日逼的时间，虽然大家都有几分忙碌，但交通不便的地方如成都终日坐在茶馆无事可做的人（详见我的《蜀游心影》，开明书店发行）也不在少数。你若果觉得每日的时间太多，我便劝你把无事可做的多余时间来读书。如果你觉得太忙，我便请你设法在忙中节省一点时间出来读书。我虽然不知你忙到什么程度，但我相信只要你切实把时间的用途整理一番，每日省出半小时以至一小时大概总不难。如果你是学生，试想你每日因为读书时心神不定，时而想读这书，时而想读那书，东翻西翻，卒至一书不能读，所白费的时间多少？每日与朋友作不必要的闲谈，费去多少时间？为一点不急的小事而上街，又费多少时间？我再举一个最小的例：一般人坐人力车，大概都要达到目的地，下车以后再向钱袋中慢慢拿钱开发车费，虽然所费的时间每次不过三五分钟，但这三五分钟是绝对可以省去的。试问坐在车中有什么要事，不可预先将车费数清，以便下车时立即给与车夫？其他如为写字而费专门磨墨的时间，为作文而费专门算字数的时间，为读书不记笔记、于重查某事而费从头至尾翻阅的时间，以及与此相类之浪费时间，若是精密统计起来，就是很忙的学生恐怕每日也可以省出一小时的时间来读书。倘若你已经在社会上做事，而做的事又是比较独立的，则你更有无谓的应酬时间可省；你若是新式商店中学徒或工厂小工徒，你也可以在规定的工作时间后读书。若你是旧式商店的学徒，我觉得很为你可怜，因为你的工作时间是从起床至落枕的，当然省不出许多时间来；但为你的前途计，我还劝于每日就寝前起床时省出几分钟的时间读你所要读而且当读的书。这是爱惜时间、节省时间的话。

读书的速度快，而又善于利用时间，当然能多读许多，不过怎样才能快，快要快到什么程度，却又是一个大可研究的问题，现在就我个人短浅的经验说说。

我在很小的时候，就听得老前辈说善读书的人一目十行，当时却很怀疑；因为我那时一个一个字地读还弄不清楚，何能说到十行。后来经过一个外国教师的训练，虽然不能说一定作到一目十行，但相去也不很远。你若要读得快，第一请一字一字地默读；一字一字地默读虽然比一句一句地默读来得慢，却比朗读快得许多。因为朗读要发音，发音器官要全部活动，费去时间很多；一字一字默读虽然暗中也要发音，但发音器官不要实行，费时很少（约快五分之四）。一字一字默读惯了，再练习短语默读，逐渐及于短句、长句、小段、大段、小节、大节。到了大节默读的时候，连暗中发音也取消了。只由视觉直接将文字中的意义印入脑中就是。每分钟读多少字才算最快，中国没有人去作详细统计，英国的 Adams 是一位很著名的教授，他著一书名为《学生指南》（The Students Guide），说认识一位朋友，每分钟能看 830 字，每两小时可以读完一部十万字的小说；而爱尔兰有位教授，每分钟可看 4200 字，所以他每逢休假日，常要读六本小说（见《学生指南》，p. 162）。英文虽然和中文不同，但平均起来，所费的时间不能少于中文（因为复音字的音官活动比单音字的多）。我们虽不能一定学到爱尔兰那位教授一样，但也当学到 Adams 先生那位朋友样，每分钟读 830 字。其实这种速度并不难学到（我现在读很普通的书报每分钟可读 900 字），只要留心去练习就是了。每分钟读若干字不只是把许多字一眼看完就算完事，是要于读后能叙出其大意；所谓普通书籍是指日常报纸、杂志之类的东西，并非读极专门的高深书籍，这也是当留意的。倘若你读书比别人快一倍，同一的时间你便可以多读一倍的书，快两倍便多读两倍书。所以有许多同班的朋友，在学校读书三四年，同时毕业，两人的程度竟可以相差数倍，就是为此。读书读得快，处处都占便宜；途中的布告，新闻纸上的消息，你都可以比别人多有些知识；而到书店翻阅样本，你都可以择要阅读而省去许多购书费。所以速读是要读书的人所必不可不练习的。

至于书的好坏要看其内容如何，是不容易批评的，而且批评也未见得有一定的意见。不过有些很普通的条件也可以为批评一般书籍所通用。例如关于知识的书籍，系统与条理是"最紧要的",倘若我们读后而所得的印象井然有序(这与读书方法也有关系,不完全是著作者的问题),而且觉得真有许多原理与方法不是多数类似的书籍所同具,或为他书所具而说得极简要明了,则此书大概不坏。又如文艺作品重在"情感"之刺激,倘若你读完一书而于不知不觉之中受了作者的感染,感情上与之共鸣,则作者的艺术手段很高,此书亦有其特有的价值。至于修养书籍重在"实用",倘若读其书而觉得著者所讲的都是本乎人情、易于实行,而且能引起你实行的希望,则此书亦有一读之价值。这种判断的标准自然极不完全,但亦可供你择读书籍的参考,所以我也写出。

现在讲阅报。

报纸是纪载当时社会、国家、世界各种消息的,在当日虽为零碎的消息,但日积月累,便成"系统的历史"。杂志之功用大略与报纸相等,不过偏于学理的研究,于"学术史"方面多有些供献。但二者都与我们的生活有很大的关系,都非随时留意不可。有许多被称为"好学生"的青年,在学校中只知终日埋头读教科书,对于当日的时事与学术思想毫不留意。虽然因为教科书读得很精熟而赢得一个"好学生"或毕业的等第很高,而实际生活上却吃亏不少。例如现在中国的党争极烈,倘若你平日不留心看报纸杂志,对于各党争论的由来与立足点有相当的了解,一旦遇着一位很客气的党人,他有心要利用你,他说的话竟许和你的意思完全一样,更许特别称赞你,而在物质精神上都尽量给你的帮助,你不知其用意而对于他的主张随便附和,或竟因碍于情面加入其团体,则你的自由很容易失去(既入党应当服从党律,在一定的范围内,不能自由发表意见,更不能非难党规),精神上也将很感苦痛。又如国内军阀的火并，国外帝国主义的欺压相逼而来，国事扰攘不堪，倘若你平日不留意报纸杂志的消息，国亡了，你还不知道，或者反要"认贼作父"，那不是极可悲哀的事吗！再退一步，将国事党争丢开不说，就专讲"读书"，若平日不留心阅报纸、杂志，你何能知文学界、教育界的各种派别而不为一派的言论所蔽？我常劝我的青年朋友遇到很忙的时候，宁可把教科书丢下不必读，而每日的报纸与每月的杂志非看不可。因为教科书虽然也很重要，但今日不读，明日还可再读；报纸杂志上的记载与论文，当时不读，若非你订有这些东西，便不容易再看见——即使自己订得有，事后查阅也很费事；而况有些问题之发生是有一定次序的，一次不阅，下次再阅便接头不着，甚至于那次不会过目的事竟是极重要的事。所以我对我的青年朋友常有这样的劝告。这种意见有些先生或者认为不对，其实人是历史的动物，往事固然当知道，今事更不可不知道。若果你只要做一个"古"人，知古不知今，自然没有多大问题；若果要做一个"现代"的人，我望你知古更多知今。朋友！你是青年，我想你一定是不愿作古人的——就是要做，也恐没有方法办得到——我还是请你时时刻刻留意讲今事的报纸、杂志。

　　朋友！你或者以为现在的报纸杂志这样多，那能一一看到，这自然是值得讨论的问题。不过阅读报纸、杂志与读专门的书籍不同，不必把报纸杂志中所有的文章一字一字地读过，只要看其中有关系的重要文章，其余只看题目就够了。而况同地报纸所载消息除了论说与特约通讯外，其他普通新闻大概是相同的，就是异地报纸的新闻也有许多是互相转录的，并不必一一阅过。至于杂志上的论文虽然不同，但有许多大同小异或与个人生活与事业无关系之材料，也不必一定篇篇阅读。所以每日费一小时阅数种报纸，每月费二三日阅十数种杂志，并非难事。不过报纸、杂志上言论都有其特殊的偏见，这种偏见，不论是属于党派的策略或个人的意见，就出版物本身讲，都是必要的。一种出版物若无偏见，便根本不能存在。所以看任何报纸杂志，不能责其偏颇；但因为各出版物各有其偏见，于是同一问题，各记者之结论常至互相反对；同一事实，各报传出之消息亦互相矛盾。这种矛盾与冲突的由来，固然有些是由于主撰者有意的淆惑，有些则由各人观察点之差异而生的。读者若不了解各出版物之历史及其偏见之倾向，则常常对于一种消息或一种问题堕入五里雾中而失去其判断。你若欢喜阅读报纸杂志而又要能保持独立的判断不为各家的言论与消息所淆混，你应当明白各"出版物"的历史及其"主持者"在政治或学术上之派别。譬如上海《民国日报》与《时事新报》、《醒狮》与《向导》的议论乃至消息，常常彼此互相冲突，就是《民国日报》产生于"国民党"，《时事新报》发轫于"共和党"（现在脱嬗为"研究系"），《醒狮》为"国家主义派"的刊物，《向导》为"共产派"的刊物；又如《小说月报》与《创造》都是文学的刊物，但其作风完全不同，也是由于他们对于文学上之见解的差异而生的。又一种刊物常因时代关系而主张有变迁，你也得留意它变迁的状况，不可自始至终视为一成不变的东西。例如《新青年》以提倡文学革命风行一时，民十❶以后则渐转为共产主义的出版物，倘若你仍把民国十二年的《新青年》看作民国九年以前的《新青年》，而举其中之言论以为代表，则必不能表现其特性。朋友！这些问题都是很重要的，你要阅看杂志报纸而保持你自己超然的判断，不为任何一

---

❶ "民十"，当为"民国十年"。——编者注

种言论所蒙蔽，应得注意这些问题。但我想你又要问，这些派别与历史都不见之于教科书或其他整本的书籍，又有什么方法能知道呢？据我的经验，第一可靠的是自己对于现代历史有相当的"常识"，第二随时留意各种出版物之言论而"比较"其内容、分析其性质。阅读的东西稍多，经过的时间稍久，你自然就会得一种系统的知识。——还有一种最简便的方法，是随时请教平日爱研究时代思潮的人而请其为系统的说明。不过现在忙于生活及不惯读书的教师，就多数不能应此要求，其他专门留意时代思潮的人又不甚多而不易为你遇着，所以这方法只可备一格；真正的办法，还在你自己努力。

报章、杂志上的文章虽不必篇篇细读，但又不可过于忽略而弄到读如不读。你要能免除读如不读的毛病，我劝你读时留意问题的研究与时事的系统——这是我们读报章、杂志的重要目的。你要留意时事的系统，自然要注意社会、国家、世界大事变化的现象及其因果，而不时作时辍。若你要研究问题，则报章杂志上极小的事情也可以为你的问题的资料而不随便放过；再加你随时摘编索引的目次，久而久之，不独你的常识逐渐充足，某种问题发生，你的参考资料也源源不绝了。

已经讲得很长了，我想你或者看得有点讨厌了，但做笔记的方法在读书中极为重要，所以还再简单讲讲。

因为出版物太多，我们不能一一读完，又因为每日阅读的东西太多，也不能一一记得而于应用时完全从脑中再现出来，所以便不能不借助于笔记。"笔记"有三种很大的效用：（1）备忘；（2）练习作文；（3）整理思想。青年固然要努力求知识，但也要随时练习发表的技能。发表的方法，一为语言，二为文字。文字与语言的发表的力都从练习得来，倘若你在读书阅报的时候，常常练习记笔记，最少亦可增加你文章发表的能力。而在听讲、阅书、阅报时每每觉得他人的意见很有价值，或者看得太多，觉得各著作者的意见互相矛盾，或自己所得的印象太广漠无系统：倘若你不随时笔记，有价值的意见或者于一见之后便如过眼烟云，或者把他人的议论与自己在别处所得的印象永久弄不清楚。若果你随时将见闻记下，分析条目，附加意见，你的思想自然要经过一番整理，将来需要参考时，也就一索即得，不至遗忘了。

笔记是研究学问（不专是读书）最重要的工具，无论旅行、游览或治事、读书都不可不以笔记本相随。所以从笔记本的性质讲来，又可分为杂记与读书笔记两种。杂记是专记一切见闻而自己认为有关系的事情的，读书笔记——或用书本或用卡片均可——则专记他人用文字发表的意见。这两种笔记本在应用上以分开为便但必要时却可以合用（如旅行时在旧书店看见一部重要著作，其中有很关重要的事情，但又不能立时购买，只得将其要点记着录入杂记本之中）。至于笔记本的记录方法、分类方法与保存方法，有许多与图书馆学相通，很可专门研究，你现在或者还不需要那样详细，所以我只择要讲讲。

记笔记的方法大概可以"分为三类"：（1）记事；（2）论事；（3）编目。例如今天在某处看见或报纸、杂志上记载一件很重要的事情或统计，而这报章、杂志又不为自己所有也不值得去购买，或无处购买，则当摘要或将记载的全文录入笔记中，以便将来参考。这种记载最重要的是事实的本身，次为事实的因果。事实的本身应录全文，因果则摘引他人的言论或自己编述均可（若系自己所有的报纸，则可记其时间、报名而剪下贴于特备的书册中。杂志便收存，却不必剪破，以编目为是）。又如某种新闻或言论，你看过了有许多意见要发表，不论是辩驳或赞成，但必得有确切的根据。你有时间，自然可以仿司马光作《资治通鉴》或王船山作《读通鉴论》那种办法作成长篇的论文；倘若无时间，便将要发表的重要意见用条目记录出来也可。这种笔记最能练习你的发表技能，整理你的思想，自然有很大的益处，不过要费很多的时间。你若是学生，自然多有时间干这事；若系学徒或店员，你只得择暇为之，不必事事这样干。至于编目，在研究学问上，是一种很重要的工作；而在现在的中国，尤其重要。因为中国近来各种出版物极无系统，数量与欧美文明国及日本比，自然相差很远；但要一人把某类有关系之出版物一一读过而记得，是绝对不可能的事。而中国著作者对于索引素不注意，个人的单行本固无索引附于其后，全国的出版物更无人收集统计、分类编目备入参考，所以在中国学术，任何问题都要多费许多时间乃至费去许多时间而完全无结果。因而许多所谓教授、学者、留学生之流，著书论事都拿着外国材料作根据，这种现象实足以表现我国人之无研究心，非改进不可。我们自然希望有人能作利人的事，每年有几种论文索引发刊。不过在没有这种出版物以前，以及你要专门研究一种问题而从报章杂志搜集材料时，却不可不自己编目。编目的方法很简单，只要把新闻或论说或书本的题目及著作的来源（即见于何时何地何种出版物）及其内容概略叙述出来就行了，而最重要者在于分类（方法下述）。若分类不得宜，记载多了，查考费时极多，甚至于完全查不出，则记与不记等，实是白费精力。

无论是记事、论事、编目的笔记，都有两种必不可不守的"公共条件"：（1）精确；（2）敏速。精确就是记载任何事件，都当详记其出处；凡著作者姓名、出版物名称、出版地方、时间以及出版物中之卷数册数页数当一一签注（为节省时间计，可自编若干简码替代全名称，如商务印书馆出版品用商字代，中华书局用中字代之类）：①便查考、易于翻阅；②免引述以讹传讹。敏速是无论何时，遇着要记录的事情都当立即记下来，而且阅看各种出版物要全部过眼（大体的）；报章杂志上之广告与书籍中之序文，尤当留意。研究一种问题，要多方探究，因为人事匆卒，有许多事情若当时不看清楚或看清楚而不立即记下来，时过境迁，竟至永久找不着，在学问上实是一种大损失。所以你要作笔记，对于事实的记载，应存"稍纵即逝"的观念而有立即捉住的习惯。

记载笔记时，只以事情发见之次序为先后，虽很便利，但记得太多而不分类，查考极为困难。所以分类的重要与记笔记相等。分类的方法很多，有在笔记本上分类的，现在通用的字母片笔记本就属此类。这种方法虽很便利，但英文不精的人，用来还是不方便。中文系单音字，排列起来太多，当然不适用。比较可用的要算以事为纲的办法，即将个人平常注意的问题分为若干类，每类按其性质予以适当的地位。例如你是银行的行员，平日很注意于物价指数、汇兑涨落、国内贸易状况、国外贸易状况、公债价格种种问题，将它们各立一类，以其有关系的事情配入其中（或剪贴于书册之上），而将不能归类者，另列附录或杂项一栏，以便随时记载各种事项。此方法在读书记中用之很便利；杂记虽可用，但因为要记的事情无预定的目的，很难预定类目，故不易应用。倘若用分类法，大类之下应当分小节。小节与大类的分析，可采用杜威图书馆的十分法（decimal system），用数目字系列之（详细方法可参阅蔡莹编的《图书馆简说》,中华出版,价一角五分)。而将总目列于笔记本之前面,以示此册属于某类之某几节;再依笔画次序、科目次序、人名次序、出版物次序、出版公司次序编成子目,列为索引,附于册后,或另订一册。这种办法在编辑时虽然费时很多但编成以后可以随时应用,省去查考的时间不只十百倍于编目的时间,实是最经济的。所以这种时间与精力决不可省去。

  笔记或剪贴之书册太多,保存也很得注意。这些方法,大概可以借用图书馆的图书保存原理的。若平日的记事纸为单页,便当装订成册;若系册子,便当分类装订;然后编列号码,置之案头或藏书之所,以便随时翻阅。无论是常用、非常用之物,每年都当移放烈日中曝晒二三次。还有一事当注意者,贴报的浆糊不可用米麦类而宜用树胶(桃树胶为乡间常有之物,可聚集应用,不必购买外国货),因前者易招鼠啮而后者可免。贴报的书册,可用不用的杂志,每三页撕去二页,留一页贴两面便可平放。

  朋友!我原来只预备很简单地说几句,那晓得提起笔来,写不完的话便泉涌而至,竟费去我三日的整时间写成这篇。我想你或者觉得太多而看得生厌,但在我却还有许多要说的话未曾说尽,将来有机会,还得和你谈谈作笔记与求学(读书只是求学之一部分,千万不要把读书看得与求学相等)的种种问题。我这些话自然有许多是废话,但我的态度却是很诚挚的。我所以要和你这样琐碎地谈论,实在因为我当青年时对于读书方面费了许多白气力而没得什么结果,我现在非常懊悔我那时把光阴白费得太多,所以把我在近十年来在学术上瞎摸的道路中所得的一点经验恭而敬之、明明白白呈献于你。你若早已知道这些，或者所用的读书方法还好过这些（我信这是平常的事），你读完这封信也不过白费半小时的时间（最多如此；我相信决不会有其他的坏影响）。倘若你也感着与我青年时相同的困难（白费气力而无结果），我还请你读过后照着试试看，而且望你把试后所得的结果告诉我。

朋友！费去你的工夫太多了。请了请了，敬祝你读书进步！并候你新年快乐！

你的朋友舒新城，十五年一月一日

致中学生书
——关于求学治事的几个小问题

最可爱敬的中学生：

这是一封很随便的平常信，请你们也用很随便的平常态度去看——不可当作教师的训词，更不可当作要人的名论。

读此信的青年，也许和我有相识的，但是我想不相识的总是多数，所以先在此略述我的经历，以免唐突。

我是寤寐追念青年而青年已弃我而去的一个人；我服务社会已经十三年，有八九年的时间常与中等学生相处。近四五年来，虽然不像从前做教师般的日夕生活于青年的群中，但因职务上的种种关系，与青年接触的机会还是很多。这封信就是我这十余年来所积下的零感，于青年诸君或许也不无裨益。

不过我还得申明：这里所说都是些偶然的零感❶，既非某一种主义的说明，更非某一种学说的倡导；而且所讲的大半是属于日常的琐事，更许有与所谓"潮流"不合的。所以我希

---

❶ "零感"，当为"灵感"。下同。——编者注

望有机会读此信的读者，只在课暇业余的时候，随便将个人的生活拿来印证，千万不可当作大问题去想。

现在先说求学的小问题。

照现在世界的趋势，大学教育的普及，也可在不久的将来实现；诸君是中学生，当然在预备教育的一段过程中，无所谓生活问题，更无所谓尊贵。可是在百分之八十不会识字的中国，你们不可谓非"得天独厚"。第一，别的国家——如美国——每五十八个中有一个中学生，中国则差不多四千人中始有一个中学生——据中华教育改进社十二年的统计——你们每个都是四千人中被选之特出人才；第二，中国自前清末年改行新教育制度而后，一切的教育与教育的一切，都趋向于资本主义化，到现在，内地所谓中人之产以至于多子的中学教师的子女尚无方受中等教育，而诸君复有相当资产的父母，能供给你们进中学，实也是一种幸运。所以你们虽是中学生，但是你们在社会上的地位之高与责任之大，确非别国的中学生可比。

你们在社会上高贵的地位、重大的责任，全靠中学校的教育作基础。基础打得好，百尺楼头进一步，也是很容易的事；基础倘若不固，就是平屋也会因风雨的侵蚀而颓败，则你们在中学受教育的时代，实是一个于社会前途最重要的关键。

你们父母把你们送进学校以为一切的责任都由学校负担去了，在学校的一切，他们可以不必关心，你们自己也以为有学校代管一切而可以不负责任了。但是自从教育成为专业而后，尤其资本主义化而后，学校与学生的关系都是商业化。你们纳足学费，学校照例出售智识，在所谓教育家的口上，也常常挂着完备教育的话语，可是实际上，现在学校的结果最大多数只能作到出售智识的地方。而且出售的智识都是整批的、呆板的，不问现在社会的真正需要，更不问你们个人的真正需要。所以要靠中学校的教育来达到你们应负的使命，虽然不敢说全等于零，但所得亦仅矣！

举例来说罢！你们大多数是从小农社会的农村来的，农村所需要的体力怎样？所需要的德性怎样？所需要的智识怎样？都市的学校是按照都市的乃至于外国的生活习惯去办理，对于你们真正的需要大概是无暇注意或无从注意。即如体育，农村所需要的是农夫身手，然而你们所得的训练是锦标运动；在智识方面，农村所需要的是人生常识，但你们在功课上费时最多的是不容易用得着的外国语；在德性方面，农村所需要的是俭朴生活，而你们所熏染的是浮华习气。就是都市学校种种的办法，在形式上似系都市的产物了，然而细考其内容，仍是与中国的都市需要不相应。试看中国商界最通用的为珠算，而你们费了许多精神于代数、几何、三角各方面，竟有不能算清开门七件日常账目的。至于其他各种学科，其所得结果，也大概相去不远的。

批售智识本是现在学校的主要机能，其结果尚且如此；要扩而充之至于作人治事的各方面，自然更难有满意的成绩。所以，在我看你们对于学校，只能看作购备工具的地方，这些工具的利用，全在你们自己。这就是说：你们所习的国文、英文、算术等等固然是些工具，就是公民等等实践科学，因注重文字与少人负指导实践之责的原故，也成为文字的工具。倘能认定此点，第一可使你们对于在学校所得的成绩不至失望，第二可使你们知道于求得工具之外，还有利用工具的责任。

本此原则，你们在学校除了教科书的研习与教师的教授而外，应当把所得的工具切实向实在的人生方面去活动。譬如说：你们学了许多国文与英文，尽可利用它们去阅览教科以外的种种书籍，学了一些算学尽可利用之以计算关于日常生活上的事情，学了一些公民，尽可应用到行为上去实验其效果。至于课外应当读些什么书，书应当要怎样读，四年前我曾在《教育杂志》上发表一篇《致青年》书，主要意见大概都载在其中，你们可以查阅，或者早已看过。为省篇幅计，这里不再赘述。现在所要说的，只是关于养成读书习惯的几句话。

人类的生活差不多全为习惯所支配，我们若有一种良好的读书习惯，可以一世受用不尽。因为现在的社会，一切的事业都逐渐资本化，高等教育已成资本家子弟的专利品；号称中产阶级的子弟，乃至于无力受中等教育。今日的诸君固然是很幸运，但是在这种干戈扰攘的时候，国家的时势、个人的能力是否容许你们个个受毕中等教育；即使能够，是否有再入高等学校的能力与机会，都是很大很大的疑问。然而现在的社会无论就何种职业，要想能发展，对于个人生活要想有长进，都非有日新月异的智识不可。倘使你没有读书的习惯，种种摆在你面前的新智识无由获得。经过若干年之后，世界上的一切都已换过一套，你的智识与思想仍旧与若干年前一样，那时你对于新的时代，固然感觉不安，而真的新的时代也将弃你而去，使你生活不了。这一点你们现在当然无从经验着，但是你过细将现在所谓落伍的人的经过稍微分析一下，便可证明我这话不是无的放矢的。

你们想要随着时代前进，便要当着那时代还未到来的时候，努力作追求的准备，这就是切实养成读书的习惯。

读书的习惯并不难养成，只要每日在功课之余，规定一部分时间拿来阅览课外的书报，把一日工夫规定某时候看报，某时候看杂志，某时候读性之所近的课外书籍，便会因强迫而顺应，由顺应而习惯。经过若干时候，倘若某日将平时预定下的阅览事情没有做，你便会如失去一件很要紧的东西一样，立刻感觉不安。倘若你能把这种习惯永久保持下去，则每日比别人多读书一小时，一年有三百六十五小时，足抵学校的三个月的功课。在学校一年，你比别人可多读三分之一的书；出学校以后，仍旧如在学校一样可以继续前进。

虽然你所阅览的未见得如学校课程的系统、井然，但在应用上，有时反比中学校所得的智识好。世界上许多大学问家、大事业家生平并不曾受过何种学校教育而能出类拔萃、独树一帜者，大概都是由个人努力而来。倘若你能将读书的范围扩大，把自然界、人事界的一切现象当作教科书，而时时以精锐的眼光、忠实的态度去观察它、研究它，就是在中学不能修业完毕，也可以对于社会乃至对于科学有特殊的贡献。所以我以为在这无法使高等教育普及于一般人民的时代，与其希望以政治力谋补救中等教育普及，还不如希望中等学生对于学业养成自求进步的习惯。

诸君在现在固然可称幸运儿，然而要想到前途的荆棘，更应当想到披靡荆棘的方法。倘若你注意及此，请你先注意你养成读书的习惯。

现在再略谈关于治事的问题。

诸君现在当然都是"吃爷饭，穿娘衣"的少年，对于生活，对于职业，对于事业，当然还不曾感着什么困难，甚至于还不曾想到这些问题。但是将毕业而无力升学或未毕业而无力续学的诸君，也许在最近的将来就要遇着你们平日所认为不直❶得注意的问题。我曾经为这些问题烦扰过多少年，而且看见无数的青年正在被这些问题烦扰得无办法。在我，以为这问题也与求学有同样的重要，所以也同样地提出说说。

世界最可尊贵的人是他能自食其力。所以我以为无论你现在家境怎样，离开学校，必得设法自食其力，不可依人作寄生虫。在现在的社会，青年失业已成全世界的问题。以日本人口那样少，国内产业那样发达，大学生失业者尚属数万；我国的产业落后，内乱且继续了十余年，加以现在的教育与社会的需要不相应，青年失业自是题中应有之义。可是在另一方面，社会上有许多从事各种职业或有志于创立各种事业的人，也每有感着"事浮于人"之概❷。这其间的原因自然很复杂，但也有一部分是属于青年本身上面的。姑就我平日所感到的略为一谈。

不务实际，差不多成为我国民族上一种通病，而现代青年尤甚。青年本是富于想象的，其进取有为的精神也便由此而来。不过想象终是想象，要它成为事实，必得用最大的努力从实际上着手才能有济。现代的教育家少有明白这其中的原理，不注意于利用青年的丰富想象从实际上去发展，而放任其向空想方面走，于是青年在思想方面流于荒诞，行为方面流于浪漫，遂致为事业家所深畏。这种现象的责任自然不当尽由青年诸君去担负，但青年能够知道这其中的种种情形而负担一部分，也未始非社会之福。

世界上的事情想起来很容易，作起来却常有许多困难。尤其是自负社会改造家的青年，因为改造社会不如建造道路、桥

---

❶ "直"，当为"值"。——编者注
❷ "概"，当为"慨"。——编者注

梁之必须具有机械般的技能，便以为社会上的一切都可凭个人的想象自由改造，谁知实际上所遇到的问题决不如此简单。记得七八年前，工人运动正在萌芽时期，一般青年多热心于提倡劳资对立，遇有两方争议，每竭力赞助工人而尤欢喜替他们主持罢工的事情。有一次上海的首饰业发生劳资争执，热心工运的青年鼓动工人罢工。结果，罢工成功，资方置之不理。经过十余日之后，工人不能支持了，指导者计无可出，乃领导工人殴打店主，虽然有几家店门被毁，但仍然照原来的待遇复工。自此而后，工人对于这般指导者的信仰，也逐渐灭去，他们也就无法指导了。其实首饰业的制作都是些奢侈品，他们的雇主不过那些有闲有钱的太太小姐们，根本上与社会秩序、人生需要无何种重大关系；而且业主的成本都是些硬货，无论搁若干时日也不会有损坏，其所损失的不过一些由营业而得的子金而已。罢工既不能使资方受重大而不可补救的损失，又不能影响到社会秩序、国民生计；资方不理，社会一般人不注意，且是题中应有之义。凡是稍具经济学常识者，都看得出，而自负指导工运、自负改造社会的青年，竟见不及此，只知道盲目地鼓动罢工，实在是把社会看得太轻，把自己看得太高了！

要作某种事业，自然要有关于某种事业的智识；但是有了某种智识，未见得便有某种事业可作。第一是由于社会上某种事业太少，第二是由机会不凑巧。倘使生活上不生问题的人，自然可以坐等某种适当的事业来临；若经济不裕，负担太重，就是不是性之所近的职务，也不得不去干。在这种情形之下，最易令青年不满，而发生一种对于职务不负责任和轻蔑的心思，以为我之为此，不过暂局，根本上本不需此，故遇事可以随便。实则这种态度，是杜绝职业的穷途，最不适宜于青年。

因适当职业之获得，一面要有智识与技能上之不断修养，一面要有责任心，干练才的训练。倘使你对于现在不甚适当的职业视为无足轻重而随便敷衍：第一，这种不良的习惯养成之后，就是获得适当的职业，也将因习惯的不良而不能久于其事；第二，你这种敷衍、不负责任的习惯，被别人知道而后，就有适当的事情，别人也不敢请教你，终于是自己受损失。所以我以为在劳动分配不能如天秤般均匀以前，为谋社会的安宁、个人的发展计，无论对于什么事情，不干则已，要干便当切实负责。倘若你所尽的义务与你所享的权利不相称，尽可以光明磊落的态度，明白提出要求；要求不遂，即使他去或与当局为正当之对垒，亦未尝不可。倘若对于不满的事象，不敢以光明的态度出之，而只是暗中敷衍，实是于人无利，于己有损，对社会对个人均有害无利。而且自然界的一切现象，人事界的一切经验，只要善为利用，无处不可获得益处。假使你是一位学机械的学生，而暂时所作的事情是替出口商家打字，在表面上所学与所用，可谓风马牛不相及了，但是你若能忠于其事，你打字的技能自然要增进许多，对于中国出口货的情形也可以明了许多，根据这种情形，也许可以作你将来从事机械的南针。不过要注意的：若果自问某种事业非素志所在而视为暂时的生活职业，倘若有坚忍的毅力继续不断地努力下去，就是若干时屈于生活的职业，也许有朝一日你的技能精了，学识富了，自然会出头的。所以暂时屈就不甚适当的职业不足虑，可虑的乃是自己的自暴自弃。

一种事业之成功，绝非短时间所能有济。事业越大者，所需的能力与毅力也越大。现在的青年每每只看得已成的事业的现状而追慕其经营者之享用，殊不知某种事业的成功，其缔造的艰难，发展的窒碍，有非身历其境者所能尽知。发明电灯的安迪生，现在的享用，现在的声誉，自然是够令人羡慕，可是他五十年前从事于电灯发明的苦工，又岂是常人所能忍受。在现在的社会上，常闻待遇不平之声，这自然有许多是中国的畸形社会与不良政治所构成的事实；然而有些恐怕也是"只求收获，不事耕耘"的青年所发的无病之呻罢！

我国自海通而后，外受列强的侵略，内受内乱的影响，社会秩序一天一天地破坏，人民生计也一天一天地困难。我们处在这种穷苦的时代，对于生活能力力求发展，对于生活上的享用力求俭约，尚不足以保障个人安全，增加国家富力。倘若以中国的社会生活标准，而消费则求与欧美人士相等，结果除去流为盗贼与自杀而外，实少他种可靠的出路。就我个人接触所及，青年受经济压迫的呼声，几于无处不遇着。但是细考其原因，除去社会贫困的原因而外，还有许多是自己制造的。自己何以要在这贫困的处境中再制造些贫困的种子，这不仅是青年的责任，而大部分的责任应当由中国的经济思想与现在的教育家担负。这问题要详细讨论，值得写成几本书册，姑且最简单的说几句。

中国历史上是以农立国，所以经济的观念重在自给，对于企业心素不发达；而社会的伦理观又以家族制度为根本，要维家族主义于不堕，遂不得不于仰事俯畜而外，极力分其财力于家族、亲戚、朋友。所以一方面贱视工商，不鼓励人民从事生产的企业，他方面又重分财，使有生产能力者多负不必负担之经济供给。倘有人于个人乃至于小家庭生活之外，经济上有相当剩余，不把它拿来周济亲族，而用到生产事业上去，社会便会予以"为富不仁"之讥，使之为有识者所不取。这种分财的经济思想，对于中国社会的影响如何，这里姑不具论。惟现社会上的个人贫困，大部分系由此种思想所造成，则为很显明的事实。这就是说："分财"思想演嬗为社会经济行为而后，一般人的潜意识中，都有"共财"的观念，而有倚赖于人的心理。所以中国社会上的银钱界限素不清楚；有钱者以多养食客为豪，无钱者亦不以寄人篱下为可耻——所谓读书人不事家人生产，就是这种思想的具体的表现。自海禁大开而后，农业社会的经济组织虽然没有什么很大的变动，但社会生活则为外国的经济侵略所影响而标准日高。加以内乱频仍，国内生产在外国侵略与军阀摧残的两重压迫之下，不能发展。有相当技能的人，尚不能以其技能换取其生活上所必需的工资，而一般初由农业社会出来的青年，本着"共财"与"依赖"的传统观念，对于个人生活，毫不预算，对于个人前途，毫不计较；惟于有钱时尽量挥霍以求快意，无钱时则四处挪借而使同辈的生活发生影响。挪借不遂，初则怨天尤人，继则强者求于不正当的行为中以求不正当之利得；意志薄弱者，每多流于自杀。这种情形，十余年来我所亲见亲闻为数极多。这其间的大部分责任，自然应由传统的社会经济思想去负担，但现在的教育家对于这点未看清楚，不能予学生以正确的指导；同时他们对于自身的生活及工业社会的经济，亦以农业社会的态度去应付之，遂致消费程度常超出生产能力之上，而使青年学生习而化之：他们也不能辞其责任。在现在的时代之下，我们当然不要归真返朴，回转到原人时代的生活，但至少也应当认定我们现在所处的地位与对于社会所应负的责任，而不必因一时的快意致牺牲未来的一切。再简单说：我们的享用，应当以生产能力为标准，奢不可，吝亦不可。倘若生产能力尚未养成的青年，更应当念父母的血汗之资，得来不易；社会的物力维艰，应当爱惜，万不可效所谓"名士"的态度尽情乱用。

我以为人生是常受习惯支配的；倘若当青年的时代养成一种对于金钱有预算，对于生活有计划，对于物力有爱惜的习惯，将来的受用可无穷尽。第一，你可以不受不必要的经济压迫与无谓的多费心机；第二，你可以不因经济压迫而作违心的事情（近来有许多青年其思想上明明反对某人某事，但为生计所迫竟不能不作其最所灰心的事，与服从最所反对的人），有了相当的事业，不致举棋不定；第三，你可以在安舒的生活中竭力进行你所要作的事业而使社会受惠无穷；第四，就是机遇不好而不能得称心如意的事或赚称心如意的钱，也因为平日的生活超出你的生产能力之上，而同时又有一种事业或学问为精神寄托之所，也不至于走入歧途或流于消极。可敬爱而有为的青年！对于这一点我希望你们也加一点注意。

以上所说，本是些最平常而为处于现社会"不得不"的零感，平时也常常与许多青年谈及，可是因为职务上的忙碌与迁居上的耽搁，竟于去年八月答应《中学生》的编者，而至今始能无条理地写出来，而且所写的不及我要说的十分之一二。真是有负本刊的编者与读者。将来有机会时，也许再能与读者通讯通讯，不过照已往的经验，现在尚不敢许愿，还得请编者与读者原谅。

舒新城，十九年五月三日

致青年教育家

最可爱敬的青年教育家：

  在这革命空气弥漫中国的时代，你们不追随革命的贤哲之后，从事政治生涯、社会活动，以求满足物质欲望，建立煊赫功业，而独潜心于饥不可食、寒不可衣的教育研究，或兢兢于清高其名、卑贱其实的教育事业；你们的成功虽不可期，你们的志愿却着实可钦。所以我不避冒昧，于预备改途的百忙之中，而作这一篇书信。

  我曾借教育之名生活十余年；在某个时期，并曾蒙社会赐以某某教育专家的称号，而效当代的伟人口不停讲、脚不停步地奔走四方；即在目前，也不时有识与不识者千里致书、踵门叩教地询问研究教育、从事教育之道。我于教育虽然不是识途的老马，然而十余年的生活，却也有许多可以供诸君参考的地方。只可惜《教育杂志》的篇幅有限，不能容我们细叙衷曲。只得就我数年来萦绕在脑中的思虑以及许多爱我的青年所提出的问题，简单述之。

  当这革命空气弥漫中国的时代，青年占至高无上的地位，是一切事业的根本；你们不他求而独献身于教育，我想一定有重大的理由的。我非你们，当然不能尽明白你们理由的所在；然而从我过去的经验与现在的接触中也可以推知大半。好在这是无关国计民生的私人书函，推算有误，也无妨害，姑且让我猜猜罢！

我想你们现在正从事或将来预备从事教育的最重的理由，大概以为教育是清高的、神圣的事业罢！不错，"教育是清高的、神圣的事业"，是社会上一般人所常道的，就是政府将教育费挪作别用，积欠教职员薪修至三十个月以上，遇着教职员哀请发薪以维生计的时候，那些聪明的官长也以这句话为安慰教职员的唯一法宝。自高官以至百姓，都说教育是清高的、神圣的事业，无怪乎后进的你们，也跟他们的清高神圣而清高神圣之。可是你们要知道，这句话到底是怎样解释的？其效用如何？

清高与污浊，神圣与卑贱，是对待的名词。说教育是清高、神圣的人，虽然不曾下一个全称断定，说教育以外的事业都是污浊卑贱的，但至少总认定教育是社会一切事业的鸡群之鹤，足以压倒一切。他们的意思大概以为教育是立国之本，国家是神圣，国本当然更神圣；而从事神圣事业的教育家，纵然降一级不以神圣自居，总不可以不自称清高以保持尊严。至于其他的一切社会事业，虽然也有其存在的价值，但都非根本的，当然不能与国本攸关的事业受同样的尊号了。这当是他们清高神圣教育事业的第一个重大理由。

其次，他们从事实上立论，说教育是指导人的活动，教师是人的模范，不若政治之替人民作事，实业之替社会创业，而有同党竞争、同行嫉妒的污浊行为、卑贱勾当。教育界既无污浊卑贱的事情，当然可以清高而神圣之。

这些理由，骤然看来，似乎是正大的，所以许多自命为教育专家的以此倡，而无数的有为的青年也以此应。但是，过细考察一番，便会发现它们的谬误，而根本不能成立。

在现在的世界，国家是否神圣，我们且不必细论；假定它是神圣，教育事业是否也因着它的神圣而神圣之，教育是否也因着它的清高而清高之。从事教育的人为保持他们的尊严起见，自然要说教育是有关国本的神圣事业。但是红枪会的首领、耶稣教的牧师，也说他们的供奉真神、服事上帝都是保国福民的根本要务，若是没有他们，好像人心不古、国将立亡。在他们看来，世界上的事业没有比他们的更重要的，当然可以称作神圣。而且在中世纪，教育确曾作过宗教的奴隶几世纪；就是现在的中国，信敬神为神圣的人，恐怕比信教育为神圣人还要多若干，教育又安得独霸一切？

你们或者说，这是主观的神圣观，不可以拿来衡客观的教育事业。这话当然不错。但从客观方面说，教育在人生、在国家的地位，也不过如其他各种社会事业，与农工商等相当；教师也不过等于厨子、粪夫而已，更找不出什么高贵的原素在那里。我说这话，自命神圣的教育专家听得，或者要怒发冲冠地不高兴；你们读此，也会要说声"岂有此理"。但事实如此，怒也无用。只要平心静气地想一番便会知道。"许子若不惮烦"，我还可以略举一些证据。

讲教育是有关国本事业的人，无非是说教育以灌输知识、培养德性为目的，人民的知识高了，德性好了，国家便会因之而强。人的知识与德性是否是现在的所谓教育能灌输能培养，我们姑且不谈；即使能之，也并不是什么根本事业。因为世界上的一切，都是从人生出发的，人若不能"维持"其生命，无所谓知识与德性，更根本说不到灌输与培养，所以世界最根本的事情是吃饭，能解决吃饭问题第一是农业，第二是工业，第三是商业。倘若中国先没有这三种人，教育家除了实行神仙的绝食、野人的裸体而外，连生命都不能保持，更何有于神圣与清高！再就实际的需要讲，现在的社会固然需要现在的教育，但是现在教育所制造出来的双料少爷，大概四体不勤，五谷不分，倘若没有厨子替他们烧饭，粪夫替他们挑粪，就是有农工商人替他们作了种种的事情，还是生活不了。以厨子、粪夫与教师并列，教育家或者以为有渎尊严，实则现在的学生们，离开教师，有厨子与粪夫还可以生活下去；倘若仅有教师而无厨子与粪夫，恐怕大家都会无办法。

再就事实上讲：教育界果真比其他各界清高吗？果真无钻营奔竞的事实吗？你们即使不能亲身经历过，至少也当在报纸上看见过倾轧排挤的纪事。倘若你们在学校曾经过几次风潮，作教师曾碰过几次钉子，便知道教育界的钻营奔竞、倾轧排挤的种种污浊行为、卑贱勾当，并不亚于其他各界，也不弱于大众所深思痛绝的政治界，甚至于足资他人仿效，则所谓神圣清高者又在那里？

因此我劝你们千万不要如迷信上帝和真神的人们迷信教育家的狂言。你们如在人生的许多活动之中，而欢喜干教育事业，只可把教育当作平淡无奇的东西而效厨子、粪夫们的各尽所能、努力干去就行了。不必幻想着什么神圣、清高的安琪儿，而自高其身价；更不必不自侪于百工之列，讲些什么"只问工作不问收获"的傻话，等他人把你们劳力所应得的报酬骗去，而犹效四五年前北京某校校长某先生说教育是清高的事业、应当枵腹从公的谰言。

你们神圣与清高的梦，也许因我这番话叫醒来。可是，我想，你们还有一个大梦，就是从"教育是立国之本"一语中推演出的又一个意义，说教育是改造社会的唯一工具。这种意义，自然是由来已久。"教育万能"，现在虽然不尽为人所信，但在教育史上确曾有它的地位。就是政治家、军事家也常常将他们苦心经营所获得的政绩，枪林弹雨中所得的战功，都要加到教育上去。日本的伊藤博文首相、德国的毛奇将军，是大家所知道的好例。教育家为求精神的安慰，既然效阿Q精神胜利法的方法屡唱教育万能，而政治家、军事家又从而和之，无怪世界上成千成万的青年志士怀抱着改造国家社会的宏愿，都投向教育的旗帜之下，以求实现理想的天国。虽然也有若干志士，以追求不遂而灰心、而短气，然而大都是自怨自艾，恨自己的力量不够，总不闻有"教育叛徒"直接怀疑教育的本身。我对于教育不过是借其名生活十余年而已，无"艺术叛徒"对于艺术那般精深的修养，不敢自称"叛徒"，但对它的功用，却也不时以直觉估量估量。所得的结论，或许可以供你们参考，也未可知！

在教育是神圣清高的概念中，教育家已经假定它是超越其他各种社会事业的；在教育是改造国家社会的唯一工具的概念中，又假定它是能支配其他各种事业的。这第二种假定，在"五四"以前，教育家大概不会发生疑问。"五四"而后，为着经费问题，而有教育独立之说，已渐觉得社会上的他种活动如经济政治之类足以牵动教育，但犹不认教育是受政治经济的支配的，故倡教育独立。实则社会上各种事业的关系，彻底追究起来，本是"鸡生蛋、蛋生鸡"的循环问题，永久不能得着一个最痛快的解决。可是从大体说来，总有点先后的次序。把教育和人生可有可无的宗教比，它们可以两不相涉，也可以彼此互相支配；但把教育和政治及经济比，它便根本是附属品。教育家自然希望教育独立，而且希望其他的一切都得受它的支配，可是在事实上，教育是内政之一部，要它离政治而独立，理论上固然不通，即在实际上又何曾有丝毫效果。中国、俄国、意大利的党政府且不说，试问世界上也有君主专制国而行德谟克拉西的教育政策，共和国而有以尊君为教育宗旨的吗？教育的设施都要根据国家政治的变迁而变迁，教育家的十年经营，当不着行政上的一纸命令，所谓改造社会国家的力量在那里！在经济方面，教育更是它的奴隶，它对于教育也有生杀予夺之权。别的且不讲，何以廓美纽斯、劳沙尔的班级教学先后倡了百余年而无人问，一到英国工业革命后，兰凯斯德一倡便风行世界？何以日本维新与中国变政同时采用西洋教育制度，而日本以强，中国至今还在迷津里面兜圈子？倘若我们把廓美纽斯、劳沙尔、兰凯斯德时代和中国与日本的社会经济制度过细分析一下，便会知道教育所以有如此如彼原因，便会知道经济对于教育的势力之大。教育在一切社会活动中，也是剧场中不可缺的一个脚色；若硬派它以鼓手的威权，要它支配全场面的活动，却未免把它看得太重。

自然赋与人类的生活机能太坏：坠地而后，不能如鸡鸭等可以自寻食物，而有赖于父母的养育；又因为人类太聪明，把原始的社会一代一代地造成现在这样花团锦簇的世界，后生小子要在社会上生存，更不能不仰仗前辈的指教。人类受着这两种原因的限制，不能不要教育。教育便成为一件与人类共终始、谁也不能否认的事实。不过这种事实，原是本着本来需要自然而然发展的，初无所谓教育家，更无所谓教育科学。后生小子在生活上有问题时，与老前辈共同生活，模仿他们的办法去办就是了，用不着专司教育的人，更用不着什么教育的科学或科学的教育。自从有些阔人仗着他们的权力与财力，威迫或雇佣他人教育自己的儿女，而自己则腾出时间来作别样的事情，于是有所谓教师。教师的目的既在以教书为职业，自然要迎合雇主的心理，而创造出许多的学理，牢笼主雇，如牧师之借上帝之名以牢笼教徒的一般。于是所谓"师者人之模范""一日为师，终身为父"的格言产生出来了，尊长的架子摆出来了，赏罚的威权也拿出来了。于是教师是永久站在严父的方面作威作福，而同时又借教导后生的名义领薪俸。于是所谓教育家的生活便永远堕入虚伪地狱中，而以种种的假面具示人了。

你们是青年，青年的血是沸腾的，青年的心是赤灼的。你们未经尘世的波折，对于宇宙间的一切，都拿着你们赤心沸血的心情去推算；你们不从事于他种职业的预备或径从事他种职业，而毅然从事于教育，对于教育自然有大欲存焉。可是，在我看来，所谓借教育以改造社会的宏愿固然难于实现，而清高神圣的理想也只好托诸梦幻而已。在现在的社会，凡可称为职业者，无清高与污浊、神圣与卑贱之分。教育就勉强算作一种职业罢，也无所独异于他业之处，当然不能效牧师的口吻说借上帝之名讨生活是替天行道，当然无所谓清高与神圣。若是就实际上说，从事教育的人都如朱熹老夫子所描写孔圣人一般，三揖三让地在那里避贤路，鞠躬尽瘁地在那里尽职务，恐怕就把往右以至当代的所谓大教育家者一一起而质之；他们也只好以莞尔而笑曰："迂哉小子！"以表示其师道之尊严而已。

你们还是青年，我不忍把教育界种种钻营奔竞的事实告诉你们，致停止你们血的沸腾，消灭你们的心的赤灼。但是，就你们最纯洁的经验中，也可以推证到教师所过的生活是人生最虚伪的生活。这种虚伪的生活，不是某人如此，或某地如此，而是从事于教育职业所不得不如此。

你们是青年，当知道感情是生命的原动力，感情的奔放是推进生命的发动机。然而你们更要知道，教师的生命中是最乏这种原素的。教师也是人，他们当然不是生来便无感情的，只因他们要图雇主的欢心，要保持他们职业的安全，不能不泼息了生命之烟，而另换一付❶假面具对人。他们所以要换面具的原因，就是要求符合"师者人之模范也"的那句格言。

"师者人之模范也"这句话确有势力。小学校的孩子们，他们洁白的心中什么东西都没有染着，便受了这句话的暗示——是由于社会暗示他们的——而尊崇他们的教师如天神一般。教师，在小孩子们看来，无异全知全能的上帝；教师所讲的话，他们都奉为金科玉律。而教师们为欲维持其尊严与实践为人模范的格言计，也不惜常常假造许多的论证欺骗天真的孩子们，而掩饰他们的无知。中学生年龄渐大，知识渐多，对于教师的言行，不尽视若天神了，但教师之为人模范的观念仍然如故，知道学生不大易受欺骗，则以去而远之为法门；大学教授之与大学学生，更如孔二先生之见鬼神，去之唯恐不远矣。

为着要实践"师者人之模范也"的格言，教师们不得不以假面具示人，不得不过虚伪的生活，更不得不窒息感情。

人心之不同各如其面，人情之不同亦各如其面。一人处于众人之中，在感情方面自然有厚有薄，然而教师对于学生决不

---

❶ "付"，当为"副"。——编者注

能分厚薄：张生死了，得送一副挽联，李生死了，也得送一副挽联；倘若有所厚薄，在教师固然失其尊严，在学生乃至于在社会都啧有烦言。

教师的生活中不能有感情，所以他们的言行都是此庸人之言、庸德之行；他们不敢破坏风俗习惯，尤不敢不服从风俗习惯。倘若社会是多妻制，他便不能不多讨几个老婆以为后生倡；社会是资本主义，他更不能不创出许多合理的论证以供资本家采用。

教师的生活没有感情，所以他们除了循规蹈矩地生活下去以外，不能有什么大创造，更不能有什么大破坏。你们不信，试把中国以至世界的教育史翻阅翻阅，看看真正的教育家也曾在思想上、学术上、行为上有革命的事迹吗？再举一个近例：《新女性》译载柯伦泰的《三代的恋爱》的文章，征求答案，也曾有所谓教育家有答案吗？他们的内心也未尝无生命之火在那里燃烧，只为着挂碍一切，不肯让它燎原罢了。所以教育家是虚伪的，不革命的；然而也不是反革命的：他们只是随波逐流的庸人。所以我劝有特殊创造能力的不必一定要从事教育，幻想清高神圣生活的不必一定要作教师，要想改革社会国家的不必一定要学教育。教育是庸碌的事业，教师是庸人干的。❶

看《教育杂志》的青年们，看得我这封信上所说的，或者要发生反感，或者要自怨自艾，不该从事教育。发生反感且待反感出来再说，至于因此而悔不该从事教育则亦大可不必。虽在我看来，教育只是一个实际的活动，它的本身，并无好多可学的；要从事教育，只要把它与有关系的科学学好，再实际参与一些工作就行了。但是，若果你们曾费了时间在所谓教育

---

❶ 作者个人观点，具有一定时代局限性。——编者注

科学上，将来从事教育自然可以用得着，即不从事教育，也可以当作常识应用到别的方面去。你们或者也知道文学家的张资平罢，他的小说常题着地质学上的名词，也足以证明他在日本所攻的专科与他有益，何况你们现在还不能决定将来是否也还过庸人的生活呢？

你们是青年，你们有沸腾的血、赤灼的心。我望你们能继续着沸腾、炙热，但同时也望你们将平日对于教育的幻梦打破一点，而切切实实认定现在的教育只是广泛的职业之一种，教师只是庸人的佣工之一种，无所谓清高与神圣，更不能独立改造社会国家。你们自审是庸人，愿过虚伪的平常生活，从事教育也无妨；若自问是天才，想建立不世之勋，我劝你们努力从应走的路上走去！不要再在这中庸之道的十字街上徘徊踟蹰！

你们不相识的朋友舒城鞠躬，十七年十二月末日自杭州寄

考试与文凭
——致中学生的一封公开信

中学生诸君：

我现在要和诸君讨论的是一个现成的题目。这题目见于《生活周报》第五卷第三十二期及四十七期到五十一期。诸君之中想有许多已经是看见过的。可是今日我还要再提出与诸君讨论：第一是因为我的见解和他们有些不同，第二是这问题与诸君的关系特别重要。

《生活周报》讨论这问题的原因，是教育部在去年有一个命令，不许在未立案私立高中及无高中毕业文凭的人投考大学，遂致发生许多假文凭。持有这些假文凭或未立案私立中学文凭的人，虽经考取入学多时，但是查出之后，也得取消学籍。社会人士很有抱不平的，乃不约而同有许多人在《生活周报》发表意见。当这问题最初提出来的时候，我便注意到，且有一些意见，但因为职务的忙繁，始终未曾用文字发表。可是去年在南京中央大学教育学院讲演时，曾略为提及，并以此为原因之一而专力于写成《我和教育》的一本书。最近夏丏尊先生向我索文债，且指定这个题目要我说话。我只得从忙碌之中抽点时间来写这篇。

未入正文以前，还得向诸君申明两事：第一，我素来不重视学校文凭，我的学校文凭也从来未有人重视过。这就是说：我从前办学校和现在主持中华书局编辑所，在引用同事方面，从来不曾以文凭有无、高低为去留的标准，而我自己服务社会十四年，也从来不曾以文凭为进身之阶。所以我对于现在的学校文凭，常看作可有可无的东西。今日于诸君所谈的当然不会出乎我平常的见解之外的。第二，我对于现在的教育制度，尤其是中国的现行学校制度，非常怀疑。我从前以至现在都主张厉行考试制去革改中国的教育、普及中国教育，现在和诸君所讨论的不过是我对于教育的根本见解之一部分，并非专对此问题的偶然感想，更非专对某项意见的一种辩难。

以下"言归正传"。

《生活周报》上所说的只是诸君升学时与文凭有关系的一部分，这是由于他们立言的动机，是为着教育部的一个命令。我则以为文凭问题与诸君之关系很大：除了升学而外，还有求学与就业的两问题。而且这两问题，在我看来，比第一问题还重要许多。

照现在教育部的规定，没有高中毕业文凭的人，不能投考大学，就是假造一张文凭考取了，查出之后，也得将已得的学籍取消。这里显示一个最大的矛盾，就是考试与文凭不能两立。这就是说：文凭若果可以代表学行，则大学入学便只要验文凭就够了；若嫌投考的人过多，尽可立定标准，专收高中毕业前几名的学生。然而现在一定要举行考试，则明明对于文凭所代表的东西——不论是知识、是品性、是德行——发生疑问，而要借考试以甄别之。这样，对于考试似认为可靠了，可是事实上经过考试而且已经入学若干时日，只因为无文凭之故，又得把由考试所得的结果取消。这种论理学的新奇，当然不是我们局外人所能懂；而事实上真正受其赐的，就是你们中学生。

仅就大学入学讲，文凭对于你们并没有什么大不了的问题：因为你们之中的最大部分、有钱能毕业中学，当然可以得到文凭。所不能得到文凭的，大概可分为两类：第一类是现在在初中毕业，或在高中读过一二年，而无力继续读毕高中三年的；第二类是从前在旧制四年中学毕业，而无力继续入大学的。你们这两类人所处的境地自然不同，但是大概都可列入贫苦青年的总类里面。你们过细想想：现在的大学是不是需要比中学更多的费用？第一类的人在中学尚不能继续读毕，第二类的在从前尚不能继续进大学，难道你们的家庭或自己的经济会忽然充裕起来，能供给你们进大学的费用吗？你们经济的命运，终于不能让你们在大学毕业。也许没有高中毕业文凭不能改进大学反是幸事：因为现在的大学除了所谓养成士大夫的风度，教给半生不熟的若干名词，和提高生活程度而外，所能给予你们实用方面的知识与技能，实在有限得很。与其在大学读书几学期之后，失业而为高等游民，多累社会，不如作中等游民、少累社会之为愈。所以我以为在升学方面，文凭之对于你们，并不是一个顶重大的问题。

诸君要知道，无论有无高中毕业文凭，在现在经济制度之下，能升大学的总是少数之少数，但职业则为人人生存上所不可少，职业预备更是在有机会求学的时代所不可不注意。现在教育部规定大学非有高中毕业文凭者不能应考，政治化的某种职业，也非持有高中毕业文凭者不准就——现在有些职业机关的薪金及职务之支配，就有这样规定的。如此，则诸君力能在中学毕业的，对于求学的方针，当然以得文凭为目的。为文凭而读书的动机好不好且不管，只怕一心专注于文凭之取得，对于文凭上所不要的真实技能、社会知识，都将弃而不顾，毕业之后跑到社会上会如无舵的船，不知要飘泊到什么地方。同时若果你无力在中学毕业，则这张文凭便会先天地将你一生的发展斫丧。世界上不合理的事情，固无甚于此者，而社会上所受的损失，也无所底止。所以大家很起劲讨论这问题，绝不是一个偶谈，实是有关国计民生的一个大问题；而最有关系的你们更当注意。

我是非常怀疑现教育制度的——对于中国的现行学校制度，尤其怀疑：别人以为文凭不能代表真实的学行，我则以为就使它真能代表，它所代表的东西是否合于社会、合于人生的需要还是一大问题。而在事实上，则同等的学校，甲校的程度和乙校相差很远，而同校的甲班与乙班也是如此；就是同年级同科目的程度也因教师能力与学生天禀之不同而有很大的差异。由于个性差异所生之差别，我们还可以归得起类来，而在中国漫无标准的教育行政之下，对于学校教师及学生各方面无详密考察所生的差异实无法比量。这不是一个理论或一种偏见，凡属从事社会事业而有相当"用人之权"的，都能举出实例来作证明。所以我对于现在学校的文凭绝不把它当作一种量度人之学行的标尺，总是以实际的工作为试验的数据。同时我还觉得现在中国的学校制度，是间接直接从西洋工业革命而后的教育制度中模仿而来的，于中国的农村社会经济不相应。所以照着西洋整批生产（Mass Production）的方法，办了三十多年的新教育，结果还只能替都市制造多数游民，于中国的社会经济之改进，并无何种益处。你们在中学校所习的种种科目，在工业社会中也可以说是一些人生的、国民的基本知识，但在中国则未见得如斯。譬如中国以农立国是人人所常说的，可是中学校除了农业分科而外，有什么关于农业改进的科目！就是商科，中国内地完全是硬币时代，而学校所教的东西都是汇兑、银行、票券资料，无怪乎商店不要商科学生，而情愿用学徒。讲到这里，我们更可提出重视文凭者的理由来加以分析了！

重视文凭的人大概就是现在学校制度的讴歌者，也大概可以说是经济的优势者。因为他们感不着经济的压迫，看不见"学校重地，穷人免入"的事实，便以为入校读书是青年应尽的义务，文凭就是他们尽了义务后所得的权利，其当重视自然是没有疑问的。可是事实上，现在的学校绝不是无恒产的人所能进的，然而绝不能说无恒产的人不该有知识。国家纵不能广备大厦千万、尽收天下寒士、给以学校教育，他们在社会上、家庭中自己从辛苦中所求得的知识，也不承认，不使他们与学校毕业生受同等待遇，未免太无道理！

此外还有重视学校文凭的学者，以为现在的社会复杂，文化更复杂，种种学业不能如闭关时代之可以寒窗自修——尤其是自然科学与合群习惯——非以学校为教授之地不可。这对于文凭的重视自然是一个理由，然而不是唯一的理由。这就是说：学校有许多人，人与人之间的接触，自然较寒窗苦学者之机会为多；然而从实际社会服务所得的人间经验和人事关系是否也可以算作团体生活的训练！又如从实际生活与自然接触之各种关于自然界的种种知识，是否也放在"全无是处"或

"全无用处"之列！我也知科学系统的研究，要学者指导，然而科学知识之获得，却以环境的刺激为主，而不尽在纸上的空论。姑不论现在都市化的中学校，其设备不是以供科学常识的试验之用，就从标本上知道几个如"十字花科""单子叶植物"的名词，或从实验室中知道几种如"绝缘体"或"光波"的现象，可是在农村中看见芸薹不知它的子可以榨油，看见棕榈不知道它的叶可以做绳；或遇着家庭的电灯有毛病，非请电灯工人来无法医治，看见肥皂泡散在水面而呈异彩的油而视为神奇，诸如此类的事实，可以说是现在中学毕业生中最普遍的现象。这样地在学校中学习自然科学，除了为装饰门面而外，于个人、于社会、于国家、于世界又有什么用处。至于说学校中人数多，可得较好的团体训练，这话也还得重行检查。因为团体的训练重在生活的有规律，若无规律，便不能名为团体，更无所谓训练。在现在商业化的学校制度之下，与阶级化的学风之下，集合若干青年于一堂，不相关乃至于互相敌视地过生活，果真也能算作团体，叫作团体的训练吗？若果学校的团体训练而有效，改行新学校制度三十余年的中国社会，其无秩序无规律的现象当不至于如斯之甚罢！大家都知道游泳要到水里去学，我不知大家何以对于从实际生活得来的真实学问如此轻视，而反重视那与中国现社会需要不相应的学校教育，以及学校文凭！

　　以上是说现在的学校与现在的社会需要不相应，学校的文凭不足以代表真实的学问。我们再退一步承认学校的标准一样，学生的程度也相同，可是职业的要求，绝不只是某种学校中的一点教科知识；必得于学校教科之外，更有人生的、国民的以及职业的知识。这些知识最正确的来源是建筑在随处留意、随时留意的习惯上的。俗话所谓"做到老,学到老",就是此意。所以为文凭而求学,固然只能学些皮毛,有了文凭而自满,更是自阻进步。诸君能进中学,在现在的中国,可称幸运;社会上一般人都把你们看作中坚份❶子,你们的责任,也就匪轻。倘若你们求学是为文凭,升学及就职靠着文凭,那真是危险万状。所以我以为文凭问题关系于你们中学生者为至要。

文凭之不能重视与不足重视既如此,所以我劝诸君不要为文凭而求学、靠文凭去就职。讲到这里,诸君一定要问:求学为什么?就职靠什么?我的很简单的答复是:求学为生活,就职靠能力。

诸君也许听过见过"为学问而学问"的话。这话自然可以存在,但绝不是我们忙于生活的人所能办。与其为说冠冕堂皇的门面话而贻误自己,不如老老实实地说是为生活。不过我所谓生活是真正的人的生活,不是非人的生活。这句话恐怕又得略加解释了。

我以为人是介于神与物之间的一种机体,他有物质上的需要,同时也有精神上的要求。一般极端的唯心论者把人当作神,以为只要精神生活能满足,物质上需要可以不问;而极端的唯物论者则以为人间的一切都是物质的关系,根本上无所谓精神。我则以为人是物体而具神性的个体,其生活的高下,视他对于物质欲望与精神要求的比例以为断。若他专重物欲,他的生活等级自然很低,可是绝不能过全无精神的生活,而侪于物的地位;反之,若他纯是精神的发展,他的生活等级当然较高,然而他也不能全无物质的需要,而完全过神的生活。同时

---

❶ "份",当为"分"。——编者注

我更以为人之所以异于禽兽与神者，在于有无限的自觉创造性，就是时时不满足于现实，时时在理想的追逐中过生活——禽兽只知现实生活，没有理想的追逐，神则已达完满境地，无须理想的追逐。

人的生活的特质明白了，诸君求学的方针便可由此而定。因为人有物质的需要，所以对于现实生活的各种知识、各种技能，都应当留意。假如你的志愿在习商，而所进的分科又是商科，在不明白生活意义的人看来，以为学校教科中有许多关于商业的科目如《商业概论》《商业道德》《商业地理》等等，只要把课本读熟就够了；可是你得知道这些课本，其取材大部分来自外国，未见得真能与中国的社会——尤其是内地商业社会——需要相合。譬如说：中国商业对于文书与珠算最为重视，而银行汇兑的种种学问在内地商店竟完全用不着，所以你对于学校中所有的科目固然当学习以扩充你的职业常识，或等社会经济制度改变的时候应用，而目前敲门砖的文书与珠算应特别注意。其他为学校课程中所无的商业习惯、商人生活等更不可不留心去调查研究。所以谋满足物质的需要计，不可不注意于学校科目以外的社会现象与社会需要。但是人的生活绝不只是物质需要的满足，同时更有精神的要求——也可以说剩余势力的引申。这精神要求的出路大体可以分为两条：第一条是事业的改进与创造，第二条是学术的研究与发明。若果你知道人的特质是在于有无限的自觉创造性，则你于维持物质生活外，一面努力于创造你的职业的改进理想，一面本你个性之所近，于业余研究一种科学或艺术，以利用你的剩余时间。这种研究是超物欲超利害的：当进行的时候，固不会预存何种实用的目的，可是到了相当的时候，它在你的事业或学问上常常有意想不到的效用。爱迪生之成为发明家，就是一例。所以在求学的时候，于物质生活的知识与技能获得而外，同时要注意你的个性的要求与发展，以寄托你的精神生活。简单说：在实际生活中继续不断所获得的学问才是真学问，把所得的学问应用到生活上而能使生活日新月异地改进，才算学问的真价值。也可以说：从生活中得来且能应用到生活上去的才是真学问。这是求学为生活的简要说明。

我说就业靠能力，诸君或者要问：中学生到底有多少能力？倘若仅仅就现在学校所给与你们的教育讲，你们的能力比大学生和留学生的自然要单薄一点；但实也不尽然：第一，社会的事业很复杂，需要处理它们的能力的方面很多。从表面上看来，贩夫走卒所作的事情似乎远不如文人学士的高，但是贩夫能尽其贸迁有无的责任，走卒能无亏于洒扫清洁的职守，其对于社会上的贡献，比之吟风弄月的文人学士们还要大。所以能力不怕小，只要善用它，使它对于社会有益。第二，能力之大小并不以学校教育的等级而有限制。孙中山先生讲考试制度引用美国"博士不如车夫"的例，是一般人所熟知的，就是本志第十一号《出了中学校以后》几位先生所自述的能力与所作的事业，又岂是一般大学毕业生和留学生所能尽有、所能尽作！我以为现在的学校教育，姑不论其是否合于现在社会需要的根本问题，就是假定它的一切都是与现在社会情形相应，也只能使诸君在学问研究上略识蹊径，在治事方法上薄有基础。走什么路、造什么房子，还得靠出了学校以后永久不断的继续努力。中国读书人最大的毛病，就是把学校当作学问的源泉，同时也把它当作止境，以为求学问非在学校不可，出学校便无学可求。因而演成一种学校即学问的谬误观念，遂致社会上轻视学校以外的真知识、真学问，同时更使有机会进学校的人，将在学校中所得的门径与基础于出校门时一律斫丧。这阻碍个人及社会进步的恶习，诸君应当于自己不濡染而外，同时要负改造之责，努力于实际生活中求真实的学问，以为那些抱残守缺的大学生和留学生倡。

讲到这里，诸君或者又要说：就业靠能力，求学为生活，话是不错，但是事实上有能力的人，在社会上未见得能生活，而无能力有资格的人，倒可以踞高位、操大权，则这两句话不要成为不兑现的支票吗？这问题自然是现社会中的一部分事实。但是我以为这事实是暂时的，诸君万不可以此而自馁。我可以分而❶层来说明。

有能力的人不能生活，没能力的人反可舒服，可以归纳为两种原因：第一是知识界的失业问题。这问题从去年来已成为世界上不能解决的大事情，不是一国所能解决，更不是我们所能解决，我们姑且略而不谈。第二是国内的政治紊乱。中国二十年来，因为社会经济制度发生剧烈的变化，所有社会思想、社会伦理、社会习惯，均因之发生动摇；新的标准在短时间不能建立，而旧的又已崩坏，于是政治上的用人行政一切失所依据，遂以执政者之个人势力与其好恶为准则，而演成"论事惟好恶，用人论情面"的恶现象。然而这是暂时的，中国而欲立国于世界，此种现象决不会长此下去的。所以我以为"求学为生活，就职靠能力"的两句话，实在是一张可以兑现的支票，其所以暂时不能兑现者，并不是它本身的价值有问题，乃是社会的偶然现象妨害它的价值的实现。

我们再考察现在的时代，是否可以容许这张支票能充分表

---

❶ "而"，疑为"两"之误。——编者注

现其价值，我的答案是肯定的。因为这支票兑现的机关，只有一个，就是考试。考试的含义有广狭两种：广义的考试是由实际事业上所给予各种事业者的甄别。社会上无论什么事业，只要它不是干薪机关而真正可以算作职业的，都得有一种能力去应付。也许在某种时期你的职务和你的能力不相称，若果这职业机关的目的是在发展它的事业，主持的人员便不能不有"为事择人"的决心；只要你的能力能在事业上表现，终会有职务和能力平衡的时期。倘若你自己独立去创办一种事业，事业的本身就是一种最好的试验数据。你的成功与失败绝不是偶然的，一定是和你的能力有最密切的关系。你不必因偶然的不幸而灰心。狭义的考试是由政府举行的各种试验，这是能力兑现的普通机关。由此可以使无钱守购文凭——我以为现在学校的办法于纳费之外，且须一定的年限毕业，实在是有钱守购文凭——的人能自己表现，同时也把所谓学问的范围扩大，实在是很好而很重要的办法。这办法之能通行与否，在从前虽不敢说，现在则可以加以肯定。因为在民国二十年的年头，四分五裂的国家总算统一了，政治也渐入轨道了；同时国民政府是由三民主义、五权宪法所产生的，在民生方面要人尽其才，非以考试为工具不可。而五权中之考试权，尤为近代政治学说之特创，而为中国历史及国民党所最重视者，在事实上且设考试院专理其事。各种考试之实施，当然是可以"拭目以待"的。所以我以为只要你持有能力的支票，不怕不能兑现的。则现在那不能兑现的所谓学校文凭，除了在现在教育部的某种命令之下，于经济占优势的青年入大学时稍有效用而外，在求学与就职的两方面都是废纸。

　　至于考试要怎样才无流弊，这自然是值得讨论的问题。但是这些事情在国家方面其权操之政府,在社会方面其权操之职业机关,我们当然不能为之代谋。不过我相信若用新的方式根据职务上需要,将试验的时间加长,从各方面分别予以文字及实际的考试,在必要时,更可采实际试办的方法,其结果比之验看一张无标准的文凭要可靠得许多。此外,现在的学校制度完全资本主义化,遂致演成"学校重地,穷人免入"的现象,而使学校教育权为有产者所独占,更使"才"与"财"成正比例的进展,实是最不公平的事情,也得根本改造。这改造的方法,我主张各地设科学、图书、体育三馆,各请导师指导,听人民自由学习、研究,而以考试方法验其成绩。其详细办法我在十七年的全国教育会议提有一个《改革学校制度案》曾经说及——现在收入我的《中国教育建设方针》单行本中——而且不在本题范围之内,所以略而不谈。好在这些事你们还可以暂时不问,不详说也没有什么要紧。

初意本只想和诸君略略谈点我对于《考试与文凭》现成题目的意见,不料一动笔又写得这么多,而且牵涉到求学与就业两方面去了,致有费诸君宝贵的光阴,抱歉之至。敬祝诸君学业猛进、身体康健。

你们不相识的朋友舒新城,二十年一月十五日

恋爱上的几个问题

——给男女青年的一封公开信

至[1]可爱敬的青年朋友：

恕我不能保持教师般的威严，和你们说你们自己很感兴趣而又不便向前辈或教师请益的恋爱问题。

你们对于恋爱问题感兴趣是生理与心理上的自然要求，是必然的事实。无论你们的父亲、母亲，或者你们平日认为最尊严的前辈先生、最庄重的教师，当他们年龄正在青年期和你们一样的时候，对于这问题也和你们现在一样地感兴趣；甚至于现在须发斑白，儿女满堂，还是如此。虽然他们的青年时代，不能像你们现在这样自由、这样有机会与异性交接，但心影中充满了异性的要求却和你们现在一样。他们寻求异性与两性生活上的经验，虽然不一定能与你们将来的相比，但至少也可以供你们的参证。然而他们却不能坦白告你们，你们或者也未必敢问他们——这是受了礼教先生之赐！

---

[1] "至"，当为"致"。——编者注

朋友！我想你们大概都曾知道《礼记》"饮食男女，人之大欲存焉"的话。它把饮食与男女并举，实在因为这两件事在人类生存上有同等的价值。无论什么人，他要自存，非得饮食不可，若要存种，也非得过两性生活不可；所以礼教的束缚无论怎样严谨，男女问题却与饮食问题同为人类生活共始终的事实。饮食问题可以公开讨究，同样重要的男女问题为什么不可呢！

因此，我敢于不客气将我所感到关于恋爱上的几个小问题和你们说说。

倘若你们不是被"道学先生"极端重视的"少年老成"的青年，大概对于恋爱的意义会懂得几分的——而且也当懂得几分。你们到青年时代的爱情发动期，便自然有寻求异性的倾向：倘若遇着一个异性而觉得他或她事事可爱，而且有机会能彼此了解其心性以至彼此不能片刻离开；即使形式上离开而彼此的心影都完全为他或她所占据，甚至于喜怒哀乐都以他或她为转移，即因他或她而牺牲一切也很愿意，这样可以说是恋爱的生活。再进一步经过法律的手续，订为夫妇，便是婚姻。

当恋爱正在进行中，一切活动都以引起对手的欢悦为目的，全生命的注意力都集中于此，因而你的言语举动最容易为你欢爱的异性朋友所影响，乃至于完全受其支配而不自觉。倘若你有过恋爱的经验，自然能懂得我这话的意义；若是没有，我请你读下面的一段话：

哥哥，关于我的事情，请你千切不要挂虑。无论什么事情都是运命，我是定了心的。进女子医学的事情假如在我哥哥身上稍微要加上些苦痛的时候，我都不愿意去。……只顾自己的私图，不顾哥哥的甘苦，这样的事情我是不忍做的。只要是于我哥哥有益的事情，我甚么都能忍，甚么都甘受。学校的章程我也取来看了，好像很难，但是不能考上的事情想来也没有。假如我真是能够进去的时候，那真是高兴呢。我如能够稍微帮助我的哥哥，那真是幸福呢！但这不是我的意志，一切只随着哥哥的意志，随着哥哥的希望，随着哥哥的方便。请你好生筹算罢。

——郭沫若：《落叶》第六信

这自然是小说的描写。然而真正的恋爱，确实有这样的情形，确实常以情人的意志为意志，若不达这程度，实在不能算作■■[1]。惟其如此，所以问题也就发生了。

男女青年之愿以其最亲爱异性朋友的意志为意志，自然是对于他或她有特别的尊崇的情感，非此不足以表示。然而无论何人都有其特有的个性，谁也不愿意无故消灭，而且事实上也不能消灭。恋爱热度最高的时候，何以愿牺牲自己的意志？是因为所要求的更有大于此者。前面曾经说过，青年到春情发动期，自然有寻求异性的倾向；凡可以满足此要求者，便受其吸引而思据为己有。此时因接触的范围有限，而内心的要求甚切，只要遇着与其所悬拟之条件约略相符的异性，便可以由认识而发生如胶似漆的结合。然而恋爱究与婚姻有别，虽然如胶似漆，但未经法律的手续定为夫妇不能得法律保障，纵使开明的社会习尚有相当的制裁，均是道义的而非强迫的。其前途可以发生无限的波折——结婚以后也是如此，不过有法律保障，心理上较为安舒而已——最亲爱的爱人，随时有为他人占有或被其弃置的危险。为欲达永久占有的目的计，势不能不努力抑制自己的意志，以求迎合对方的心理而得其欢心。故自己方面

[1] 原书不清。——编者注

既为潜意识所支配，竭力在那里暴其所长、掩其所短，对于对手亦因爱之切而不能发现其缺点，即或偶尔发现，亦能多方原谅。所以情人眼中的女子都是西施、男子都是潘安。果真情人的眼力常有错觉或幻觉作用吗？不过为占有欲在暗中支配罢了！因此，有许多男女青年正在恋爱期中，彼此觉得对方都是神圣，都是至尊，预想一旦结婚后，生活一定圆满，不是他人所能梦想。及经结婚，一因占有的目的已达，二因有法律的保障，便不知不觉透露本性，从前压抑下去的种种恶性根自然而然抬起头来，而对于对方的鉴别力也逐渐增加，结果互感苦痛，乃至于发现彼此都非理想中的人物；悔恨从前的错爱以致离婚，亦事实上所常有。在恋爱期中"隐恶扬善"的现象，是人类两性爱中最普通的事情。这事实真是愁城，不知葬送了许多活泼泼的青年，因而有些人主张试验结婚。在今日的中国自然离试验结婚的时代不知多远多远，然而这种陷人的事实，却值得进步的青年注意！

  要怎样注意？这问题诚然很重要，但却难得适当的方法。因为狂热的恋爱生活，完全是感情在那里作主；感情当位的时候，理智实不容易抬头。倘若你正在过狂热的恋爱生活，有人把你所爱的异性的缺点告诉你，你纵不疑他别有作用，也难得相信他的话。可是，朋友！为你的前途、幸福计，终不能不注意这陷人的事实。我想，倘若你，第一，能于不必要时——如正在求学的时代——不急急以求得配偶为事而又不完全置之不问，随时与异性朋友为适当的交接而加以选择；第二，于将要走入狂热的时候常常反省自己被爱的原因，并对于对手为多方的考究；第三，狂热之余，不时回想他人失败的经验。这样，虽不能说完全可以解决这问题，但至少亦可以给你以一种无害的帮助。这是我请你们对于恋爱上注意的第一问题。

恋爱达了最高度的时候，无论什么事都没有比彼此聚首还重要。倘若你没有这样的经验，我仍然请你读一段小说：

> 滋味是在心头的，我真说不出的苦呀！就只是这一回罢，自后我永也不离开她，或让她离开我了。即使她要回去，我也该设法留住，在事实上是我劝她去的。莫非那时我疯了吗？竟会作出这样的事来！越是算得归期将近，越是难挨，这时理智也完全失其效力。从前还能终日伴卧在床，现在就连夜里也不能睡。从前能读书，虽然只要见到书中的情节和语言与我们的经过相仿者，总不免要停留，而今简直是不能读，就是提起笔来也觉得凄凉。从前我是恍惚的，而今清楚了，然而这正是痛苦……

川岛：《月夜》页七九~八〇

这段话确实是事实，并非小说家的想象作用。你入恋爱的途中，在别离时固然是极感痛苦，就是聚合，也常常为说不尽的情话忙，而将应当作的事情弃置一旁。然而人是一种介于神与物之间的东西，虽然有精神生活，但又不能尽过精神生活。倘若你是豪华子女，有权承受遗产，不为物质生活的事情所束缚，自然可以安安舒舒过鸳鸯鸟与比目鱼式的生活。可是今日的中国，真正的豪华子女，我们姑且不问他们不劳而食的罪过，他们也少知道真正的恋爱；而寻求恋爱生活的青年，却大半同时要为衣食忙。有为的青年果真堕入恋爱的深渊中，日日从事于恋爱生活之满足，而把应作的工作放弃。爱情与面包的问题，恐怕不久甚至立刻就会发生。

若果你是今日被重视的革命青年，我想你以为这是不成问题的：因为你可以想象这些问题都是资本主义社会的罪恶，倘若将来共产主义实现，儿童公育，自然不会有这些不相干的问题。朋友！你如果这样想，我却替你担忧。现在的恋爱不能自由，自然有经济的原因作梗，但谓现在的经济制度打破，便可以安居而食，却未免过于乐观。你要知道消费与生产成正比例，社会秩序才能保持，所以"各取所需"之前有"各尽所能"四个字作先锋。生产与分配的方法虽可因时因地而异，但不"各尽所能"，而可以"各取所需"，却是地老天荒以后所不能有的事情。若果照此想象，人类三分之一的青年，都从事于狂热的恋爱生活，而不问其他一切，面包问题固然立刻要发生，而大家不负责任的生儿女，就公育，也无如许专员料理，如许专款供给，如许专地容收！

我也知道恋爱者不一定要结婚，不一定要生儿女。然而真正的恋爱要灵肉一致，即不经法律的手续而成为婚姻，但同居的事实却不能免。生活不能独立的青年，未同居以前为着爱的驱策而牺牲一部分预备生产的工作，既同居以后，更能保其必不生儿女吗？若果自己的生活能力不充足，同时又要供给子女或多数子女，姑无论现在的社会不容许你不感极大的痛苦，就是真有共产与儿童公育的时代，在道义上也不当不负责任。因此，所以我敢奉劝生活不能独立的青年，且慢努力于恋爱的进行。这是我请你们对于恋爱注意的第二问题。

三年前张兢生在北京《晨报副刊》上发表一篇爱情定则的文章，以为爱情是：（1）有条件的；（2）比较的；（3）可变迁的；（4）夫妻为朋友的一种。而京沪青年之持反对论调者极多，见于文字者已百余篇（见民国十二年四、五、六月之《晨报副刊》《学灯》《觉悟》）。"百年偕老"，自然是我们对于恋爱应有的理想，可是历史告诉我们：无论在从一而终的中国社会，抑或在恋爱可以自由的西洋社会，也不问现在的二十世纪或往古的初民时代，离婚的事实终是常有的。中国旧日父母之命、媒妁之言的婚姻，或者可说是非爱的结合，离婚事实的发生，我们还可曲为一解；而现在自由结合的夫妇，何以也免不了离婚的事实？这问题的答案就不能不归根于爱情是有条件、可比较、可变迁诸事上面去。说到爱情有条件，所谓痴男女大半不承认，以为我爱他或她，只是爱而已，并没有什么原因。实则宇宙中决无无因之果，你所以爱他或她而不爱他或她以外的人，或者由于性情相投，或者由于景仰其人格、羡慕其学问乃至于重视其富有。若果平心静气分析相爱的历程，玩味相爱的情形，决没有寻求原因不出的。既经爱定一人以后，我们自然希望他们能百年偕老，然而当狂热的恋爱期中，既有"隐恶扬善"的事实，一旦彼此发现缺点，便会感不满足；倘若此时有更好的异性施爱于你，便可乘虚而入、摇动你的感情。若再经理智的分析，发生客观的比较，你的爱情便可以变迁。有许多人为着社会的制裁与人道的见解，纵使对于其当初所爱者极感不满，也能忍受苦痛，始终不离，这自然是他们的好处。然而这只是他们对于道义上的责任，并非感情的生活，而且在实际上他们所感的苦痛或者还有甚于分离者。

　　说到感情变迁，你或者以为这样地无保障，恋爱的前途未免太危险。其实感情变迁并不是坏事，而且是促进人生进步的重要途径。你若现在有二十岁，我请你想想经过的生活是不是时时变迁的，从前的衣服能和现在相比吗？从前的用具能和现在相比吗？从前物质上的一切享用能和现在相比吗？物质生活既要力求进步，精神生活为什么不当如斯？倘使你的精神生活与物质生活时时进步，而你爱人的却数十年如一日，你能满足吗？你若现在是大学生，请你再回想中学时极好的同学，你现在对于他们能保持从前一样的感情有几人？小学的又有几人？我想，你对于他们的感情一定是一天一天地变迁下去，往来一天一天的少，乃至于完全不问或发生反感。这并不是因为你是大学生，摆大学生的架子看不起他们，实在是他们的思想没有你的进步那样快：思想不相合，言论不投机，便自然而然地疏远了。这是很平常的事实，我想，你不会完全不曾经验过的。恋爱中的异性朋友又何尝不如是！倘若你自己是一位极爱好文艺的青年，当初因为他或她爱慕你极其深切，也不知不觉受潜意识的支配而有爱好文艺的表白，你自然以为是得了知己。孰料占有的目的达到，潜意识消沉而不爱文艺或竟完全与你的期望相反，而过你极不愿意的生活，你的感情能不变迁吗？而且因为彼此占有目的达到，便持法律的保障或社会的裁制作护符，自己不求进步而把持日日进步者之爱情，实系人生进化的蟊贼；况且社会的裁制不能及于内心的意志，法律的保障不能强迫执行呢！——照现行民法所规定。

感情变迁并不是可怕的事情，而且是促进爱情，使爱情及人生进化的要途。若果你怕你的对手感情变迁而弃置你，便请你研究他或她变化的原因何在。若果他或她是为物质的虚荣心所驱使而变化，今日看得张三的豪华而把你这穷书生——假定如此——丢弃了，则你们最初的结合便是一种盲动，便不是以共同意志为基础；变了弃了，实在没有什么可惜。若果是他或她的人格、思想、学问进步，你还是数十年如一日地站立不动而被他或她不满，你应当自己反省，力求进步。你更当知道：你与你的异性朋友若果真是经过恋爱而结合的，最少在最初是有共同意志的：他或她的人格、思想、学问以至于其他一切，决不至于全无所知；而且结合以后，朝夕相处——即形式上不能朝夕相处，精神上总是沟通的——他或她进步的历程你也当知道得最详。他或她既能使各方面进步，你为什么不能步后尘呢？所以我以为感情变迁并不可怕，可怕的是不互求进步！倘若你想于得到适意的恋人后而求偕老百年，你千万不要以社会的裁制与法律的保障为唯一的护符，应时时自求进步，使彼此的爱情共进。这是我请你对于恋爱注意的第三问题。

恋爱上的问题自然很多，我们不是讲恋爱学，所以只拣几个实际的问题说说。这些在真正的恋爱家看来，或者以为有点过于实用主义的；然而惟其实用，所以特别值得可敬爱的青年朋友们注意！天气很热，不再多说，就此顺问健康！

你们不相识的朋友舒新城，十五年五月三十日南京

爱的无抵抗主义
——复某君兼论金、罗情杀事

前日得你的信，就想作复，后因近来很感文字不能表示真实意思的困难，便又想默尔而息，以免发生其他无谓的争执。乃今日又连得你两函，述你对金、罗情杀事的意见，引起无限的感想，只好将"辞不达意"的问题放在一旁，姑且作此书复你。

在今日忙于战争、盲于主义的中国，金、罗的情杀，诚如你所说，是不惹人注意的问题。然而你竟注意及之，且有种种意见，可见你对于社会问题的留心。其实京沪报纸上之小新闻栏纪载此事者到❶有好几处，评论的也有人，不过不把它当作一个重大问题去研究罢了。你虽费了许多功夫，从各方面研究过，可是你的结论却完全与我的意见相反。这自然是由于我们的观察不同，而我们思想上之根本差异点也就在此。

你以为金、罗的恋爱历史很长，罗不应中途改变态度；金

---

❶ "到"，当为"倒"。下同。——编者注

因其改变态度而毅然敢于杀罗而自杀，是有丈夫气，足以当侠勇的青年而无愧。这话我自然不能说是不对，因为你所据以为评判之标准者为社会伦理观，你的论断和你的前提完全相应，任何人都不能在论理上攻破你。但我想，若果以现社会的伦理标准去徇金、罗，社会上人早有定评，用不着我们再去多事；你既要把这事当作一个社会问题去研究，我请你先将社会伦理观打破，而为进一步之探究。

我们要研究这问题，第一要问爱的本质是什么？第二问金、罗是否真相爱？第三问爱的处置应如何？

我的浅见以为爱在积极方面是牺牲的，在消极方面是不加害于其对象的。我想亲子之爱之出于天性，谁都会承认的。我们且不远涉生物学上的问题，说母之孕子是牺牲个体以存种，是爱之始基；即就父母对于子女之抚育的情形看来，何处不是自己牺牲。若仅为生活计，无子女实较有子女为便利，然而为父母者情愿牺牲其便利以扶植子女，盖由爱力驱之使然。亲子间之爱如此，两性间之爱又何尝不是如此！在表面上看来，两性间有适当之结合，因互助而彼此有利，实际上则彼此所牺牲者甚大。就以最平常而最为人所不注意的饮食问题讲，嗜好之不同，也可以说各如其面；但为爱之故，不能不彼此节制，以免引起对方之厌恶。其他各种习惯更莫不如此，而遇有危难时，即牺牲生命亦所不顾。所谓互助，不过事实上之偶然，其量果能与牺牲相等吗？我想，由真爱而结合之男女均能答此问题，用不着列举事实，以资证明。但此就人间之爱言，即推而至于物之爱亦何尝不如是：我写字之笔是我所钟爱的，我曾费金钱购得之，而金钱由劳力所换得；直接费金钱，间接即牺牲我的劳力。某次我在湘旅行失去我之笔，曾费三倍于笔价之劳力及金钱去追寻；若为金钱，另购一枝❶，所费犹少，而我不惜牺牲精力与金钱去追求，是由于我爱它的缘故。这不过是随便举一事以为爱是牺牲之证。至于爱不加害于其所爱之对象，更属显而易见之事。亲子间、夫妇间之互相维护，固然是最普遍而最自然的事实；就是我们对于所爱之物，亦莫不小心翼翼地保护它。倘若有人说："我极爱这物，所以我要破坏它。"你不说他是发疯吗？所以我说爱在积极方面是牺牲的，在消极方面是不加害于其对象的。

现在讨论第二问题。

我们对于金、罗之爱的历史，只能从报纸杂志之记载中略知一二，即此已知之一二，亦未见得都属真实——我以为凡属表现于外面而为人所周知之事象，其不真实之程度常较真实者为大，甚至于完全虚伪——他们从前是否真相爱，我们无从证明。所以讨论这问题只能就其确无错误之事实立言——此事实即金□❷于民国十五年十一月十五日上午八时在日本东京中国女子寄宿舍之客厅中用刀杀死罗□□女士而自杀。

无论何人对于其人而有爱情，绝不曾不承认其所爱者有独立自主的人格；倘对于其物而真钟爱，亦决不会有自行毁弃之理。金、罗若果真相爱，彼此对于对方之人格自当重视，也应承认各有独立自主的全权。假定罗在未出国前曾真心爱过金，到日本后而变心，我以为也不至于被杀，更不至于为金所杀。因为她有她独立的人格，她的思想有变迁，她的意志命令她不爱他而爱他人乃至于一人不爱，甚至于自杀，她也不得不遵从；若果她的行为对于社会无直接的妨碍，谁也不能干涉她。

---

❶ "一枝"，今为"一支"。——编者注
❷ 原书如此。下同。——编者注

金如真爱她,更应尊重其人格而听其自由;他既无权杀人,更不当杀所爱之人。若说她已爱过金,即不应再爱第二人,则与武断的宗教家强迫人不许怀疑上帝、专制的君主强迫人不许批评国政有什么不同?你反对宗教与专制的君主是为着他们锢蔽思想,难道这"从一而终"的习俗,便不是锢蔽思想吗?若说爱人为人所夺,心所不甘,因而将她杀死以泄忿,这种情调自是青年所常有,然而决不能说是由于爱的驱策,只是欲的激动而已;因为爱不加害于人,而欲求不遂,却常能使人愤而将其对象毁灭。你若不相信,尽可以去访幼稚园的教师,问他们的儿童是否也曾毁灭他们爱好的洋囡囡,而最容易被毁坏的小坐椅是否是为着争占有不遂而然的。

　　我自然相信人是介于神与物之间的东西,也相信两性之爱是要灵肉一致的;也相信两性间有精神之爱,自难免不发生占有之欲;也相信讲到占有,便会发生量的问题,遇有竞争,也自然免不了争执。然而你要想,人之所以为人,就在有精神的生活,总在以精神的生活支配肉欲。若果精神上不能克服人,不能使人心悦诚服,在某种情形之下,也许可以满足肉欲,可是其生活之禽兽化,却是我们想象得到的。所以即使曾经爱过我的人而现在不爱我,我若犹爱他,应当从精神上去克服他,决不能将他消灭——因为果如此,其目的已失,而况我对于所真爱者决不会有意毁灭呢!

　　情杀的事实,我常有闻见,但无论其为独死、双死,乃至于三角死,若其死是出于本人的意志,我都很尊重他们。因为在我看来,唯能实现其意志的斯有人格,其人若果自己要死而死了,实是求仁得仁的事情,我们不应责备他。若不得他人的同意而强迫之使之死,我们虽不拿法律家的口气说他是犯法、拿道德家的口气说他是不道德，但其为思想的专制者，不尊重对方的人格，却是很明白的事实。在这种事实之下，还能说是真相爱吗？

金、罗之真相爱与否，我以为还是小问题，因为是他们个人的事。我们应当特别注意者，是两性爱的处理问题。现在且略述我的意见。

我以为要保持两性间的真正幸福，惟有绝对恋爱自由，也即是我所说的"爱的无抵抗主义"之一法。当今之世，有许多人闻着"恋爱自由"四字，便会掩耳疾走，而况"绝对的恋爱自由"。但是我想你总不曾怕的，倘若你或任何人能过细考虑一下，也决不会不赞成绝对恋爱自由的。因为感情是最自由而最不受拘束的东西，不问你有多大的权威能制服别人，使他怒不敢怒、笑不敢笑，也不问你有怎样好的修养，能制止自己的喜怒哀乐。然而别人及你自己的喜怒的动机终无法消灭，终于要为精神分析学者所说，遇着"检查官"疏忽的时候，便会破围而出，而使你们的精神不安，甚至于发狂。你若相信爱是以求幸福为目的的，则对于这种与目的相反的苦痛造作也不会不同情罢！

你若承认我这段论证，然后可以讨论爱的无抵抗主义的问题。

我所谓爱的无抵抗主义，其内含与绝对的恋爱自由并没有什么不同，不过前者是以一方为主之名词，后者则为两方共通的名词。这就是说，我们对于所爱的人，以绝对的自由为原则，而以无抵抗为手段。再明白说，倘若我对于我所视为爱人的人真正相爱，便无条件地爱他。若果他因我之爱而以爱相报，我们自然是结伴同向爱的天国中去旅行，无论前途平坦或险恶，其责任均共同分担。倘若我爱他而他不以爱相报，我果真爱他，也便照常爱去；若不爱他，他便真爱我，我也不勉强报之以爱。若果我与他曾经相爱，不论时间之长短，中途他不爱我，我若真爱他，也仍照常爱去；我若不爱他，也决不因其曾经相爱而仍勉强相爱。换句话说，我与我所爱者之爱与不爱，都一秉个人的自由意志，不受任何外来条件的拘束，也无利害的计算，更无将人作物而要永久占有之的野心。

你看到我这段话，便会发生很大的疑问，以为这样一来爱情不是全无保障否？今日我爱张三，明日我爱李四，后日我又爱王五，不独对方之人无保障，就是自己也嫌其太麻烦。我老实告诉你，要说爱情无保障便全无保障，若说它有便保障最可靠；而且你能真正了解爱的意思，也决不容你今日爱张三、明日爱李四、后日又爱王五——虽然也有终身找不到一个爱人，或者在同一时间可以找着几个可爱的人而均有深挚的爱情的事实。

你若以为爱情的保障是社会的裁制、法律的审判，则此种保障绝对无用。你大概是知道现行民法关于夫妇离合的判决案，法庭不能强迫执行的事例的。立法的人所以这样规定，虽然未见得他能了解爱的性质，但最少他总能明白爱情不能由第三者强为离合的事实。我也知道社会的习尚能支配人的生活，更知道中国社会的习尚，常常强迫无爱情的男女，共同混过一生。然而这决不是情爱的保障，只能使他们身体受桎梏而已，他们的爱的灵魂仍是飘茫于宇宙之中，遇有可以施爱者便自然与之结合，即牺牲生命亦所不顾；即无机会施爱，也将如精神分析学者所说，而以化装游戏从别方面表出之。社会裁制有什么用处？

然而，爱情有最可靠之保障，而且是不假外求的——就是爱情自身。我相信人是能感受刺激，而且遇有刺激便会发生反应的。你真爱某人，也许你用尽种种方法施爱，而他完全不以你所预期的反应给你。可是他如果经过自由意志的决定而报你以爱，你们彼此的爱便有了交际，决不会无缘无故便抛弃你。你或者要说：现在的青年男女常有"今日共生死，明朝若路人"的事情，何能保障既经相爱，决不会无缘无故抛弃呢？你所举的自然是事实，然而你要知道：第一，所谓"共生死"未见得是真由于爱极所发生的结果，恐怕是"欲"在那里鼓动；第二，要知道爱是进化的。若果某某曾经真相爱，而中途忽然有一方改变，必有其改变的原因。分析起来，自然很复杂，或由于金钱、名望不满足，或由于感情有破绽，或由于发现对方人格上之缺点，我们要列举也无从列举，但归根说来都是由于爱的条件有缺憾。倘若能补充此缺能，便无从发生变化。你或者又要说：各人所处的环境不同，思想随时变迁，精神上的条件之补充已非易事，若系物质之条件如财富之类更有绝不能补充者，又将怎样？我也曾看见许多青年男女因物质欲望之变迁，而致中途抛弃所谓爱人者——女子尤多。然而我相信平等的性爱最少须要以共同的理想为结合的重要条件。人虽然要金钱为维持衣、食、住的代价，虽然在现在的社会之下，未见得人人能遂其所生，可是物质生活最低限度的维持，究不是绝不能解决的问题。倘使两性间有共同的理想，什么甘苦都可以共，就是物质上供给不丰富，效颜回之安贫乐道，亦是应作而能作的事情。而况男女处于平等地位，除了特殊情形——如生育与疾病——谁也不应要谁供给，更无所谓财富之比较而变更爱情的事实。倘若因一方思想变化而他方要想继续维持其类似——我不说一致，因我以为世界上无一致的事情——的生活，除了努力自求进步、切实追随而外，惟有立即拆散，用不着勉强敷衍，更用不着愤而走险。倘若两性之爱真以共同理想为结合的主要条件，又能时时努力创造，互求进步，就有意要它改变也不容易，更何有今日爱张三、明日爱李四、后日爱王五的事实。你怕你的爱人对于你的爱有变化，我请你首先注意分析你们相爱的条件是否以共同理想为基础。第二❶，请你时时求理想的进化，使他不愿不爱你。倘若要以威力强迫人不能不爱你，我敢说，你的罪恶最少等于剥夺他人意志自由的一切"阀"。倘若某某男女之相爱，不以共同理想为基础而以物质上之供给为条件，则财富之比较级无限制，感情的变化也无限制；实际上不过是物欲在那里支配，根本无所谓爱，更说不到爱的条件之补充。

你或者要说：这样的无抵抗，在理论上虽然说得通，事实上恐怕未必办得到。你果有此疑问，我很佩服你的思想周到。但是你所疑的，未必是事实。现在且与你讲事实罢！

倘若你效英雄豪杰之言，说爱是要有抵抗的，我且问你抵抗的方法如何？效果在那里？若说某人不爱你，你也以"不爱"报之，抵抗是抵抗了，可是你由爱到不爱，你的目的早已变了；若说某人不爱你，你用残暴的手段将他置之死地，如金□之所为，则爱的对象已消灭，就是你自己不死，也无法达你的爱的目的。可见这两种方法是不适用而且根本与爱之本质相反。倘若你说某人既经爱你之后，你便用种种方法禁止他与他人发生关系，或以权威胁制他，使之不敢爱第三者，或卑躬屈节"胁肩谄笑"以求得他的欢心，而使之不忍爱第三者。这

---

❶ "第二"，当为"第三"。——编者注

些方法，在某种情形之下，自然可以发生效力，然而，你果这样主张，实在把你和你所爱者的人格都抹杀了。即能如你所预期，亦只是些侦探式、奴隶式的苦闷生活，离爱不知若干万里。你以你所爱者不与他人往来或不敢、不忍爱第三者，就是在那里爱你吗？我劝你决不要这样想，因为能禁止、胁迫、羁縻他的身体，决不能范围他的精神。也许你们正在谈话甚至于正在性交时，他的精神早已注在别人身上；或竟把你当作别人的替身而实行，借以宣泄其潜在的情感。倘若你的禁止、胁迫、羁縻的势力有变化，他的潜意识突围而出，便会立即与你脱离关系乃至成为仇敌。所谓禁止、胁迫、羁縻的方法又有什么用处？

"抵抗"的方法既然得不着性爱，而性爱又是我们生活上不可缺的要素，我以为我们要得两性间的真爱情，只有极端的恋爱自由，将一切束缚尽行解放，彼此极力尊重对方的人格，互采无抵抗主义，以期爱的实现！

我的话你或者以为过于迂远，然而今日的我却以为这种迂远的事就是青年所应当努力的。不知你以为何如？

舒新城，十五年十二月十五日

附录

中学生的将来
——在绍兴浙江第五中校讲演

一

我这次到绍兴，是考察江浙皖三省的中等教育便道过此的，目的只在"考察"，所以没有预备讲演。我原定今日上午去杭州，因贵校开全体停课的辩论会，这是很难得的机会，所以留住半日改于晚间起行。方校长初约我和诸位谈话，我本不答应；后来听得辩论会诸位一番宏论之后，却到有几句话要向诸位说说。这一次的谈话，可以说是临时的感想。在这"感想"之中，或者有些要开罪诸位的地方，还请诸位原谅。

二

今日谈话的题目，姑定为"中学生的将来"，共分作四项讲：(1) 一般人与中学生对于"中学生"的观念；(2) 从统计上看出中学生的地位与责任；(3) 中学生将来的出路；(4) 中学生怎样解决自己的问题。现在先讲第一项。

中国有"中学校"的名称，以1898年上海南洋公学的附属中学为始，到现在不到二十年，时间上可算是很短。但"中学生"三字却有了特别的意义，就是中学生为"社会中坚人物"。"中坚人物"四字，在一般人看来，有下列几种意义：

(1) 有充分的学识，能主持社会上各种事业；

(2) 有良好的行为，能得社会上多数人的信仰，为多数人所依归；

(3) 社会上发生事变时，能主持正义，指导群众；

(4) 社会上有应兴革的事情，能以身作则，竭力进行；

(5) 无论何时，均能以公众福利为前提，处处为公众谋幸福。

在中学生自身看来，除上述者外，还有几种特殊的意义如下：

(1) 在学识上，小学生知识较浅，不足以领导群众；大学生学识又太高，亦难为群众所了解，而使之遵从。只有"中学生"间于二者之间，上有了解专门学识的基础，下又足以使群众了解其言行。民主国社会上的一切活动，都当植立于民众意志之上，"中学生"在一切活动中当然为重镇。

(2) 现在社会上各种事业虽然趋重分工，但无论治何种职业，都要有充分的常识；"中学生"受了较高深的普通教育，常识自然充足，能担任较高等的职业，在职业界亦可为重镇。

(3) "中学生"因受过相当的教育，对于世界潮流、国家事变有相当的见解，并且系中产阶级，有余暇时间与闻政治。以其识力与地位可以左右国家政局，在政治上也可为重镇。

一般人与中学生自己对于"中学生"都有这样重视的观念，所以诸位辩论中谈到"中学生"对于社会国家的责任，与改造社会国家的意见很多。我坐在下面听着觉得很有兴味，并回想到十四五年前我在学校读书的时候情形——差不多也和诸位相同，不过所讲的是"排满"罢了——深与诸位表同情。

三

一般人与中学生自己对于"中学生"既然都有这样重视的观念，"中学生"对于社会与国家所负的责任很重，自然是不待言。"中学生"在社会上所处的地位如何？应负的责任怎样？我们可以从统计表中看出来。据中华教育改进社去年（1923）的报告，全国公私立中学校（1922~1923）与教会中学校（1920）的学生共118598人，而全国人口据1922年（民国十一年）邮务局的调查共447154953人（京兆区之一县及蒙古与南满所属之一县及西藏未列入），差不多要4000人才有1个"中学生"。在数量上，我们知道，每个中学生是由4000人中间选择出来的，就是4000人中间的代表。古人说："智过十人者为杰，智过百人者为俊。"现在的"中学生"为4000人中之选，其智当过4000人，可称为杰中之杰、俊中之俊。"中学生"在社会上的地位既如此尊贵，无怪乎一般人都重视他。可是重视虽被人重视，但是责任却又不小，因为4000人中只有1个"中学生"，其余的3999人虽然照统计上也占半个中等学生——如师范、甲种实业学生之类，共 60206 人——1/3 个高等学生——共 34880 人——可以负一部分责任，但他最少亦当对于 3000 人以上的行为、知识、生活种种方面负指导、改进的责任。诸君现在在校求学，有父母供给经费，有师长指导学行，遇有问题，亦自命不凡地发些动人听闻的议论。殊不知真正到社会上做起事来，切实替 3000 人以上的行为生活各方面负指导、改进的责任，却是很不容易。即就学校讲，校长为一校的主宰，对于学校要负较重的责任，但一校不过三四百学生，并有二十以上教职员帮同治事，尚有许多不能使学生与社会上一般人满意的地方，倘使我们要实行去指导 3000 人，其困难更可由推想而知。由此我们知道负责是件不容易的事，替多数人负责，尤其困难。

"中学生"的地位与责任，一般中学生——尤其是现在的中学生——大概都曾知道，至于怎样对于一般人负责任，与负责任困难的地方，却是许多中学生不大了解而且不大留意的。十四五年前我在学校读书，很留心国家的事变，并极欢喜讲"排满"。那时的神气，常以为"治天下易如反掌"，对于学校的规律生活不大满意，常作出越轨的动作。这十几年来，教育自然有许多进步，但中等学校的风潮，在报纸上还是"不绝于书"；有许多人以为"中学生"太坏、中学校太难办，因而发生消极的论调。其实中学生正是青年期，感情盛，欲望强，而对于社会上各种事业的经验又不十分充足，遂常凭理想作事。等到实际上发生困难之后，又极容易流于消极。倘无相当的指导，青年每因偶然的不幸而致遗误，这是我们负中学教育责任的人所当注意的。诸位现在还是学生时代，从今日辩论会中的言论看来，有许多与从前中学生的行径相合，所以不揣冒昧，与诸君进一步谈谈对于社会上怎样负责的问题。

四

"中学生"要对于社会上负相当的责任,首先要问从何处下手。换句话说,"中学生"毕业后在社会上做什么事,有什么事可做。

若问"中学生"毕业后作什么?我想诸位将不迟疑地答复说:"升学。""升学"恐怕不仅是诸位大多数预期的目的,并是诸位的家长送诸位进中学的目的;或更可以说,"升学"是社会上一般人对于"中学生"的期望,并是主持中学教育者的目的。但实际上这目的能有若干达到。我们且再从统计表上去研究。

据中华教育改进社统计,全国高等学生共34880人,中等学生——师范、甲种实业等在内——共182804人。以此比例计算,中等学生升学的可能量只19%;即使甲种实业与师范学生的升学者较"中学生"少,但以1/2为比例,"中学生"的升学可能量还只有23%。其余77%又怎样?由此我们可以得着两个结论:

(1)一般人与中学教育家、中学生平日以"升学"为"中学生"唯一出路的观念要打破;

(2)现在的中学应当怎样改革?

这两个结论,是提出来供主持中学教育者与"中学生"作参考的,我们可以不必深论,现在且再研究这不能升学的77%在社会上做些什么?

这不升学的77%到底在社会上做什么，因无精密的统计，我们当然不能为确切的断定。不过就我们日常经验所及与一部分统计的情形看来，不升学的中学毕业生，大概有下列几种出路：

（1）小学教师，包括塾师、初等教育机关各项职员与县教育行政人员；

（2）出版业、新闻业的中级或高级职员；

（3）高等教育机关或行政机关的佐理员；

（4）工商业界的中级职员；

（5）乡绅；

（6）军士；

（7）小政客、小军阀，即依傍政客与军阀为生的无业流氓。

以上七项虽然不能包括未升学之中学毕业生的出路，但大致却相去不远。今年这两个月之间，我曾考察过公私立与教会设立之中学三十余处，每到一校，都给一种调查的表格请学校的填写。现在虽未详细统计，但各校未升学之学生出路，差不多均以服务于小学教育界为最多。据徐州江苏第十中学的精密统计，升学与作小学教师的人数相等——毕业共90人，升学与小学教师各25人——就服务于教育界的总数计，反超过升学比例率7%——另有服务于教育界者6人，合占34.4%，升学只27.7%——占未升学者总数将1/2。该校在江苏师范教育发达的地方，升学量又超过"均数"，服务于教育界者尚且如此，其他师范教育不发达与升学不便的僻远地方的情形，可以推知——据我个人经验所及，中学毕业生之服务于教育界，除沪宁杭各地特殊的中学校外，大概都达到未升学者总数1/2上下。

中学毕业生服务于教育界者既然达未升学者总数 1/2 上下，则其余 1/2 分配于第二种之下之六种出路为数当甚微，似乎不发生什么问题。可是这几种出路却不如"服务教育"之全国相似——比较的——而有地域的区别。中学毕业生之在出版界、新闻界作职员者，以江苏、浙江两省为最多——因上海介二省之间，而为全国出版与新闻事业之中心——各大都会如北京、天津、汉口、广州等次之，文化较发达之各省都会又次之。至于边省的都会与内地旧日府属之中学毕业生，则绝对无参与此类事业之机会。同在出版界与新闻界服务，而职务有高下者：一因各人能力有高下，二因地方文化有优劣。

中学毕业生在高等教育机关与行政机关为佐理员者，比前项较为普遍；但在行政机关服务者，又以内地为较多。这是因为：（1）由于人才的缺乏；（2）由于内地父老"读书求官"的旧观念重。

中学生的第四项出路仍以交通发达的区域为多。因为中国本是小农制度的国家，近数十年来与欧美交通，交通的都市始受其影响而有一部分新式的工业与商业，可以容纳一部分"学生"的职员；内地则无此需要，而且父老因交通不便之故，对于"读书求官"的成见不破，中学毕业生就要入工商界，亦非环境所深许。虽亦有从事于此者，但只能看作例外。

乡绅更是内地中学毕业生的重要出路。交通区域的中学毕业生虽也有作乡绅的，但因为教育发达之故，中学生在社会上的地位尚未见得"登峰造极"，而且比较易于寻谋职业，亦无暇专门作乡绅。内地教育不发达，中学毕业生在地方上常为最出色的代表人物，可以支配地方上事务。加以中学校现在尚以旧日之府属为单位，学生求学都要集于都市，生活较乡间常高数倍；家庭能遣子弟入中学者，大概家资比较充裕，父兄在地方上也大半是"有体面"的人。子弟毕业后，因无生计上的压迫，便"席先人之余荫"而为不生产之"团首""团总""区总""市乡公所职员""县议员"等等。纯良自爱者为地方上"排难解纷"，不良者依附势力，敲诈乡民。此种现象，湘西湘南之各县极普通，故敢断定内地中学毕业生多以此为出路。

中学毕业生充当兵士，好像是极不近情理的事情。因为就普通的现象讲，中国现在的"军人"，几为人人所痛恶的东西，而以中学生为尤甚。今日辩论会中有以"裁兵"为题目，讲得兵的弊害，固然是"痛哭陈词"，就是其他诸人的演讲，有牵及兵的地方，也有"发指"的气概。诸位既然深恶"兵"，其他中学生也大概相似，何以毕业后而有充当兵士的？但由江苏第十中学的统计，九十个毕业生中有三人作军人的，已占毕业生总数三十分之一。而我在吴淞中国公学中学部任职时的三位河南毕业生之中，竟有两人投入冯玉祥军队之下充兵士。他们充当兵士的历史很可以供中学教育者与现在的中学生之参考，故更为简单述之。他们并不是夙意要作兵士，也并不是不痛恶军人，家庭境况都很好，更不是要靠当兵维持生活的。他们是因为毕业之后，屡次投考大学不取，归家既有"无面见江东父老"的情绪——并且在都市生活惯了，回去虽无衣食之虞，却也过不惯素朴的生活——谋他事既无适当的能力，又无适当的机会，寻思不已，只有充不费资本、不要专长的兵士为最后的解决——学校十余年的教育，学生若干年的志愿，竟不能战胜短期环境压迫的势力，中学教育家与中学生可不注意吗！

以上中学毕业生五种出路之中，前三项可称是正当的职业，后二项不能列入职业之中，但在某种范围以内，还于社会有多少裨益——如乡绅调解是非、改良乡民，兵士防御盗匪、捍卫国家之类——至于小政客、小军阀完全以依傍自私自利的政客、军人，以挑拨是非、扰乱治安为生活的途径，无论在何时，无论治何事，都是有妨社会秩序，使人民深受痛苦的。这种人似乎不应当有中学毕业生，但在政局不定的省分❶中却是常见的事实。他们所以要作这种不为社会所重视的人，却不是始愿如此，也是受环境的影响而然的。换句话说，他们在中学毕业了，自己认识自己在社会上的地位；而因政治的不安，既不能归家作"好百姓"，又无"治生"的专长，加以"读书求官"的观念印于脑中，与政治舞台上的"人"的印象——即执政者无特殊学识，只乘机会取得高官厚禄——之诱导，遂不惜牺牲其平昔的主张与志愿，而随波逐流的想过不劳而获的愉快生活，结果便走入这条路了。实际上他们还是可怜的！

已往的中学毕业生的出路与对于社会上所负的责任如此，现在的中学生，虽然不必尽如"前辙"，但由此也可以推知将来可走的路径的倾向。这一段谈话在实际上或者对于诸君有些裨益，也未可知。

五

已往中学生的出路我们大概知道了，现在要问以后怎样走

---

❶ "省分"，当为"省份"。——编者注

法：抄现路呢？还是改变方针？据我所见，现路虽不都是绝对不可走的，但实际上却不易走，兹略为分述于下。

中学毕业生除升学者外，以作小学教师者为最多。这种现象，无论在个人、在社会都是很不经济的。因为小学教育是与国运最有关系的，担负此项责任的人应有适当的训练，才可以收应得的效果。中学生既未受师范教育的训练，骤然担任小学教师，自然有许多难于措置的地方，而中学生牺牲其原有的志愿——入中学者大概志在升学——去作夙志不甚愿作的事情，精神上的损失也很大。再退一步讲，即使中学生于毕业后要去做小学教师，因平日所受的训练不同的原故，能力亦不能如师范生，偶然就职，能在学术竞争场中永久立足吗？还是一个很大的问题！其次，在工商界作事，学识、技能都不及实业学校的学生，虽说是正当的路径，但实际上却难于胜任。

此外，前面所举的第七条路——小政客、小军阀——是绝对不可走的，第五、第六两条路——乡绅、军人——亦可以不必走。因为"中学生"为四千人中之杰出者，固然不可作扰乱社会的事情，并应当有直接或间接的生产的职业。第五、六两条路，虽然有时也于社会有裨益，但终非生产的事业。这样，中学毕业生可走的路为第四、第五两条——出版界、新闻界作职员，高等教育机关与行政机关的助理员——可是要干这些事情还有几个条件：

（1）知识上，要常识丰富、本国文字优长，有一种能看外国文书籍的能力；

（2）行为上，要能负责、耐劳；

（3）态度上，要能和霭[1]处群。

---

[1] "和霭"，当为"和蔼"。——编者注

倘若不愿走这两条路，而要走第二、第四两条路亦未尝不可，但在学校时便决不可泛泛然过去，或专门作预备升学的工夫。应当预先决定个人志愿，于选课时注意教育或工商业的科目，并随时练习其基本技能。

近来许多中学生开口便是国家大计、社会问题、某主义、总解决、牺牲、奋斗种种空荡而抽象的论调，对于个人立身的根本问题，反以为是卑不足道的事情。及至与社会实际接触的时候，因平时无适当的预备之故，往往发生极不好的两种现象：（1）因物质欲望过高，生产能力不足以副之，于是作不正当的事情，不惜牺牲他人、扰乱社会以达其不当有的目的；（2）不胜环境的压迫，流于消极的厌世，甚而至于自杀。我们深知道现在社会不良，应当改革的地方极多，但改革要有方法，要有入手的地方，若徒空谈改革是无用的。有许多人主张先从社会总解决做起，然后及于个人，我则以为社会是由个人构成的，社会对于个人诚有很大的影响，但要自侪于社会改革家之列，却非先从个人做起不可。个人最要的根本问题，是有正当的职业：一面能解决个人的生计问题，不使社会受累，一面能增进社会的生产率，便个人救助社会。倘使自己无适当的生产能力，生活上站脚不住，空言社会改革，结果不仅使社会受累而已，并且不能战胜环境的势力，而为环境所屈服。所谓"改革"，反成"同化"，到底有什么用处！

有人说：倡言社会改革的人，应当从大处着想，何必在这区区个人生计问题上计较；况且"劳心者治人，劳力者治于人；治于人者食人，治人者食于人"，是我国固有的明训，又何必注意于此。其实这种"读书作官"的传统观念，就是我国社会上致乱的重大的原因。试想大家不治生，社会上的生计,到底怎样维持?亡友杨君亦曾从前极力主张无职业的人不当搀入革命团体;某君谓中国的学生大半都是预备将来做内阁总理、宣布大政方针的大人物,从不想到怎样做事务官,所以国家一切事务都无秩序,都无系统。这两义很可以供我们的参考。换句话说,我们要为社会改革家,必得自己有正当的职业;要做主持国政的大人物,必先知道各部分的小事情。这是从下而上的办法,诸位或者以为是"老生常谈",但现在许多的中学生却很需要这种"常谈"。

以上是讲"中学生"要为社会尽责,自己要先有适当的职业,在社会上能站得住脚;解决问题的方法是在学生时代决定志愿,预备适当的学识与技能以便他日应用。其次,还有两事在一般中学生中也是问题:(1)怎样满足知识欲;(2)职业怎样才与地位相称。

现在的中学校既是以升学为主要的目的,中学生之入学校,便有"升学"预备的志愿,实际不能达到目的以后,心里特别忧愤,有些甚至于走入极消极的路子。其实学问不尽由学校得来的,有机会能升学,固然很好;即无机会或家境不能升学,于毕业后,一面在社会上服务,一面继续自己努力研究,也未尝不足以得适当的学问。我们还要知道,学问是经验的积累。在学校读书不过是间接取得他人的经验,与社会各方面实际接触,对于自然界、人事界各种现象,随时加以观察、实验,才是直接的、最可宝贵的经验;而且中外的学问家如达尔文、梁启超之流全是自己继续努力得来的——即我现在这点知识也大半是自己于离校以后求得的——只要我们有求学的方法(此当另讲),把宇宙当作一个大学校,继续不断的努力研究,虽不敢说一定比"升学"的知识高,但亦可满足个人求知的欲望。升学既不是唯一求知的门径，不能升学者又何必不自己努力而徒然作无谓之懊丧。

我国因政治关系，社会上一切事业都无秩序，有才不见用者固然不少，但也有许多青年是由于不问自己能力、不肯耐苦而专为"地位"上之计较以致无事可作的：这却不能不望青年自己反省。现在许多工商业地方不愿用学生，即我自己去年暑假有事请人相助，也经过三四个中学生不能成功。所以不能成功的原因，就是"自视过大，不肯耐劳"八字。其实到社会上无论作何种事业——资本家在外——都没有不费力的，而且任作何事都要有相当的经验，始能不坏事。初由学校出来的中学生，既无治事的经验，自不能不从小处练习起。倘若自视过大，不肯任劳，不肯作小事，无论初人❶社会的信用不足，无人以大事相托，即有之，也以无经验故而无所措手足。若果对于小事负责，逐渐积累经验，逐渐扩充能力，时间稍久，自然有大事可作。

我们再进一步问许多青年何以自视过大、不肯小就？大半是由于物质欲望过高，"小就"不足以达其挥霍的目的，几经波折之后，遂致于不惜牺牲公众福利以谋个人愉快。这一点我们可以说是历来"读书人"的贵族观念所误。所谓"读书人"者是"治人""食人"的阶级，生活必定要特别优于一般平民。加以现在的中学校大半都设立于都市地方，在都市奢侈惯了，过不得乡间朴素的生活。所以许多青年，在未入中学以前，乡间的房屋可以安居，数十里以至数百里的路程可以"徒步"，放牛、炊饭等事可以自作，蔬菜、糙米可以安食；等到中学毕业以后，自视地位甚高，生活也因而提高，从前所能安

---

❶ "人"，疑为"入"之误。——编者注

居、安食、徒步、自作者，现在均非改革不可，而有"居必华屋""食必珍馐""出必高车""事必供张"之概，区区自费劳力之小事情，自然是不愿干了。其实"中学生"为四千人中之特选，在责任上虽当为社会造福，但实际还是一个平民。凡平民能过的生活，中学生也可以过；凡平民能耐的劳苦，中学生也应当能耐。况且改造社会应有"先天下之忧而忧，后天下之乐而乐"的精神，吃苦固然是应当的，"干小事"更是了解社会情形的方法，又何尝不可作。所以我最后还有两义奉告诸位：

（1）处己须具平民的精神，治事须耐劳负责；

（2）以宇宙为大学校，继续不断地研究学问。

自己有上述的精神治适当的职业，先在社会上立得脚住，一举一动，都可使社会上发生好影响，那时就不说改革社会，社会已蒙其福，社会问题的大部分即已在个人问题中解决了。倘若不务实际，专重空论，一与社会接触，个人主张即将失其重力；尔时不仅个人问题不能解决，即改革社会的热愿也将付之东流了！

这些大半是我七八年与中等男女学生接触的凤感，今有机会得与诸君谈谈，或者有不免开罪的地方，还请诸位原谅！

十三年五月